W0219012

World Food

Chinesische Küche

ANNABEL JACKSON

World Food

CHINESISCHE KÜCHE

Parragon

Bath · New York · Singapore · Hong Kong · Cologne · Delhi · Melbourne

Copyright © Parragon Books Ltd

Entwurf und Realisation: The Bridgewater Book Company Ltd.

Alle Rechte vorbehalten.
Die vollständige oder auszugsweise Speicherung, Vervielfältigung oder Übertragung dieses Werkes, ob elektronisch, mechanisch, durch Fotokopie oder Aufzeichnung, ist ohne vorherige Genehmigung des Rechteinhabers urheberrechtlich untersagt.

Copyright © für die deutsche Ausgabe
Parragon Books Ltd
Queen Street House
4 Queen Street
Bath BA1 1HE, UK

Übersetzung aus dem Englischen: Lisa Heilig, Köln
Redaktion: Ralph H. Fischer, Köln
Satz und Projektmanagement: Regine Ermert, Köln
Koordination: trans texas Publishing Services GmbH, Köln

ISBN: 978-1-4454-0798-2
Printed in China

HINWEISE

- Sofern die Schale von Zitrusfrüchten benötigt wird, verwenden Sie unbedingt unbehandelte Früchte.
- Sind Zutaten in Löffeln angegeben, ist immer ein gestrichener Löffel gemeint: Ein Teelöffel entspricht 5 ml, ein Esslöffel 15 ml.
- Sofern nicht anders angegeben, wird Vollmilch (3,5 % Fett) verwendet.
- In der chinesischen Küche wird in der Regel weißer Pfeffer verwendet.
- Bei Eiern und einzelnen Gemüsesorten, z. B. Kartoffeln, verwenden Sie mittelgroße Exemplare. Kinder, ältere Menschen, Schwangere, Kranke und Rekonvaleszenten sollten auf Gerichte mit rohen oder nur leicht gegarten Eiern verzichten.
- Die angegebenen Zeiten können von den tatsächlichen leicht abweichen, da je nach verwendeter Zubereitungsmethode und vorhandenem Herdtyp Schwankungen auftreten.

Inhalt

Einleitung 8

In einer chinesischen Küche 28

Der chinesische Vorratsschrank 28

Vorspeisen, Snacks & Suppen 32

Frühlingsrollen *Cheun Gyun* 40

Vegetarische Frühlingsrollen *Sou Choi Cheun Gyun* 43

Schweinefleisch-Garnelen-Täschchen *Chung Sik Yut Naam Cheun Gyun* 44

Garnelentoasts *Ha Do Si* 46

Zwiebelküchlein *Chung Yau Beng* 47

Zwiebelpfannkuchen *Heung Chung Bok Beng* 49

Jiaozi *Gaau Ji* 50

Wantans mit scharfer Sauce *Choi Yuk Wun Tun* 53

Hähnchen mit Sojasauce *Si Yau Gai Yik* 56

Weißfischchen mit grüner Chili *Laat Mei Baat Faan Yu* 57

Eingelegte Eier *Cha Yip Daan* 58

Eingelegte Gurken *Leung Bun Siu Wong Gwa* 59

Marinierte Sojabohnen *Leung Bun Wong Dau* 60

Suppe mit Tofu und Bohnensprossen *Nga Choi Dau Fu Tong* 61

Congee mit Fisch *Yu Pin Juk* 62

Scharf-saure Suppe *Syun Laat Tong* 65

Maissuppe mit Krebsfleisch *Hai Yung Suk Mai Gang* 66

Szechuan-Kürbissuppe *Chyun Mei Naam Gwa Tong* 67

Hackfleischsuppe mit Koriander *Ngau Sung Yin Sai Tong* 69

Tomatensuppe mit Muscheln *Yui Chyu Faan Ke Tong* 70

Hühnersuppe *Wun Teui Ching Gai Tong* 71

Wantan-Suppe *Wun Tun Tong* 72

Fisch & Meeresfrüchte 74

Fisch auf kantonesische Art *Ching Jing Yu* 82

Frittierter Fisch mit Chilisauce *Dau Faan Yu* 85

Fünf-Weiden-Fisch *M Lau Yu* 86

Fisch mit Pinienkernen *Chung Ji Yu* 89

Chillies mit Fisch-Ingwer-Füllung *Yu Yuk Yeung Laat Jin* 90

Gedämpfte Seezunge mit schwarzer Bohnensauce *Si Jap Jin Taap Sa* 92

Beschwipste Garnelen *Jeui Ha* 93

Garnelen Fu Yung *Fu Yung Ha* 96

Gebratene Riesengarnelen in pikanter Sauce *Gon Jin Ha Luk* 99

Jakobsmuscheln mit Spargel *Lo Seun Chaau Dai Ji* 100

Jakobsmuscheln in schwarzer Bohnensauce *Si Jap Chaau Dai Ji* 102

Fisch & Meeresfrüchte (Fortsetzung)

Frische Krebse mit Ingwer *Geung Chung Chaau Hai* 103
Venusmuscheln in Bohnensauce *Si Jap Chaau Hin* 105
Gefüllte Tintenfische *Jin Yeung Cheui Tung* 106

Geflügel & Fleisch 108

Hühnchen Bang Bang *Pang Pang Gai* 116
Hühnchen in Guilin-Chili-Bohnen-Sauce *Gwai Lam Laat Jeung Gai* 119
Gedämpftes Hühnchenfleisch im Lotusmantel *Ho Yip Faan* 120
San Choy Bau *Saang Choi Baau* 122
Hühnchen mit Maronen *Leut Ji Man Gai* 123
Hühnchen mit Cashewkernen *Yiu Gwo Gai Ding* 125
Gong-Bao-Hühnchen *Gung Bou Gai* 126
Hainan-Hühnchen mit Reis *Hoi Maam Gai Faan* 129
Hühnchen im Salzmantel *Yip Guk Gai* 130
Gebratene Hühnchenstreifen mit Sellerie *Kan Choi Chaau Gai Si* 133
Hühnchen süß-sauer *Gu Lo Gai* 134
Chop Suey mit Rindfleisch *Jaap Seui Ngau Yuk* 137
Geschmortes Rindfleisch mit Sternanis *Lou Ngau Yuk* 138
Tofu mit Hackfleisch *Ma Po Dau Fu* 141
Mongolischesr Feuertopf *Mung Gu Fo Wo* 144
Rindfleisch mit Brokkoli und Ingwer *Laan Fa Chaau Ngau Yuk* 147
Cha Siu *Mat Jap Cha Siu* 148
Löwenkopf-Topf *Hung Siu Si Ji Tau* 151
Spareribs in süß-saurer Sauce *Tong Chou Paai Gwat* 152
Geschmorte Spareribs in Sojasauce *Hung Siu Paai Gwat* 154
Würziges Szechuan-Schweinefleisch *Wui Wo Yuk* 155
Lamm-Kebabs *Bak Fong Yeung Yuk Chyun* 156
Lammschmortopf Xinjiang *San Geung Yeung Naam Bou* 157
Xinjiang-Reistopf mit Lamm *San Geung Yeung Yuk Faan* 158
Aromatische Ente *Heung Sou Ngaap* 161
Gebratene gefüllte Ente *Baat Bou Ngaap* 162
Peking-Ente *Bak Ging Tin Ngaap* 165

Reis & Nudeln 166

Gedämpfter Reis *Si Miu Baak Faan* 174
Gebratener Reis mit Ei *Daan Fa Chaau Faan* 175
Reis mit Schweinefleisch und Garnelen *Yeung Jau Chaau Faan* 176
Fu Yung *Fu Yung Daan* 177
Ameisen krabbeln auf einen Baum *Maang Ngai Seung Syu* 178
Chow Mein mit Rindfleisch *Ngau Yuk Chaau Min* 181
Chengdu-Nudeln in Sesamsauce *Sing Dou Ma Laat Min* 182
Über-die-Brücke-Nudeln *Go Kiu Mai Sin* 185

Reis & Nudeln (Fortsetzung)

Dan Dan Mian *Daam Daam Min* 188
Lo Mein mit Schwein *Yuk Si Lou Min* 191
Reisnudeln mit Rindfleisch und Bohnensauce *Si Jiu Ngau Ho* 192
Singapur-Nudeln *Sing Jau Chaau Mai* 195

Gemüse 196

Gedünstete Strohpilze *Man Dung Gu* 204
Auberginen mit roter Paprika *Chou Liu Ke Ji* 207
Gebratene Auberginen nach Szechuan-Art *Yu Heung Ke Ji* 208
Gefüllte Auberginen in scharfer Sauce *Jin Yeung Ke Ji* 211
Scharfe grüne Bohnen *Gon Bin Sei Gai Dau* 212
Schlangenbohnen mit roter Paprika *Dang Lung Jiu Chaau Dau Go* 214
Gebratene Bohnensprossen *Ching Chaau Nga Choi* 215
Scharf-saurer Kohl *Chou Liu Ye Choi* 216
Chinesisches Blattgemüse *Chaau Jaap Choi* 220
Choi Sum mit Austernsauce *Hou Yau Choi Sam* 221
Gebratener Brokkoli mit Zuckererbsen *Chaau Seung Cheui* 222
Bambussprossen mit Tofu *Seun Jim Dau Fu* 225
Rührei mit Tofu *Waat Daan Dau Fu* 226
Bratkartoffeln mit Koriander *Heung Choi Tou Dau* 229
Kohl und Gurke mit Essig-Dressing *Bak Fong Paau Choi* 230
Chinesischer Tomatensalat *Chung Sik Faan Ke Sa Leut* 231

Desserts 232

Karamellisierte Apfelküchlein *Bat Si Ping Gwo* 240
Gebratene Bananen im Teigmantel *Ja Heung Jiu* 243
Mangopudding *Mong Gwo Bou Din* 244
Frischer Fruchtsalat mit Zitronensaft *Jaap Gwo Sa Leut* 245
Birnen in Honigsirup *Mat Jin Syut Lei* 246
Winterlicher Reispudding mit Trockenfrüchten *Laap Baat Juk* 247
Acht-Schätze-Reiskuchen *Baat Bou Faan* 248
Mandelgelee in Ingwersauce *Geung Jap Hang Yan Je Lei* 251
Mandelplätzchen *Hang Yan Beng* 252

Register 254

EINLEITUNG

Die Chinesen schätzen gutes Essen und verfügen über ein reiches kulinarisches Wissen. Das beweist schon die umfangreiche chinesische Kochliteratur, die nicht nur die technische Seite der Kochkunst darstellt, sondern auch deren poetische und philosophische Aspekte. Denn schon immer waren in China Künstler und Intellektuelle zugleich Feinschmecker, deren kulinarische Kenntnisse kaum hinter ihren fachlichen zurückstanden.

Du Fu (710–770), einer der bedeutendsten chinesischen Dichter, liebte die Schreibkunst ebenso wie die Kochkunst. Um die ausgefeilte Technik der kaiserlichen Köche angemessen zu würdigen, griff er oft zu poetischen Metaphern – die Hofköche schnitten Fleisch und Fisch derart gekonnt in feinste Stücke, dass der Dichter diese wie Schneeflocken vom Schneidebrett aufstieben sah; und Honig galt ihm geradezu als süßer Tau. Ein Kaiser fragte einst den Philosophen Konfuzius um Rat in einer militärischen Angelegenheit; der Meister antwortete: „Ich habe zwar schon manches über Tsu (einen Fleischstand auf dem Markt) und auch über Tou (ein Fleischgericht) gehört, aber von militärischen Fragen verstehe ich leider nichts." Und noch heute kennt sich selbst ein einfacher Arbeiter oder Taxifahrer bestens mit Lebensmitteln aus und wird zum wahren Gourmet, wenn es um gutes Essen geht, vor allem während der chinesischen Feiertage.

Kochen gilt in China als hohe Kunst. Schon die so einfachen Essstäbchen betrachtet man als eine brillante Erfindung. Es war wiederum Konfuzius, der für ihre Verwendung am Tisch anstelle von gefährlicheren Instrumenten wie Messern eintrat und damit großen Einfluss auf die Entwicklung der Küche nahm. Denn für das Essen mit Stäbchen müssen die Zutaten in kleine Stücke geschnitten oder so gegart werden, dass größere Fleisch- und Gemüsestücke auch mit Stäbchen zerteilt werden können.

Dass die Chinesen Essen lieben, beweisen auch die Summen, die sie dafür ausgeben. In China wachsen mit steigendem Einkommen auch die Ausgaben für Nahrungsmittel – entgegen dem weltweiten Trend. Und zugleich widmet man dort immer mehr Zeit der Zubereitung der Mahlzeiten und beschäftigt sich zunehmend mit Fragen des Essens – womöglich steigert die Reflexion noch den Genuss. Ohnedies zeigt die ausgefeilte Klassifizierung von Lebensmitteln und Speisen sowie die Ritualisierung der Kochmethoden und Mahlzeiten, dass Essen für Chinesen weit mehr als nur pure Nahrungsaufnahme ist.

Die Tradition der chinesischen Küche reicht sehr weit zurück. Mehr als 50 verschiedene Garmethoden wurden entwickelt und beschrieben, und in den Klassikern unterscheidet man sehr fein zwischen offenem und geschlossenem Dämpfen oder zwischen „unter Rühren braten" und „in einer Sauce braten" usw. Dem Garmedium, der Hitzezufuhr und natürlich auch der Qualität der Zutaten und Gewürze wird viel Aufmerksamkeit gewidmet. Ein Meisterkoch bedient den Temperaturregler seines Herdes ebenso feinfühlig wie ein Pianist die Pedale seines Flügels. Im Ausland gilt

Die Sonne erhebt sich über dem ehemaligen Kaiserpalast in der Verbotenen Stadt von Peking.

als typisch chinesische Garmethode das von den Kantonesen perfektionierte Kurzbraten bzw. Pfannenrühren im Wok – in China selbst zieht man im Allgemeinen das Kochen und Dämpfen vor.

Andererseits ist das Verhältnis der Chinesen zum Essen durchaus nicht unproblematisch. Denn in der langen und bewegten Geschichte des kaiserlichen China kam es immer wieder zu verheerenden Hungersnöten – und das gilt auch noch für die kommunistische Volksrepublik, die sich seit einiger Zeit vorsichtig (und erfolgreich) dem freien Markt öffnet. China ist nach Russland und Kanada das drittgrößte Land der Erde und zählt über eine Milliarde Einwohner. Weniger als 20 Prozent der Fläche sind landwirtschaftlich nutzbar. Und gerade den enormen Bedarf an Nahrungsmitteln für so viele Menschen sehen manche Kenner paradoxerweise als Grund für die Entwicklung der vielleicht vielseitigsten und raffiniertesten Küche der Welt.

Der chinesischen Küche liegt das Prinzip der Teilung zugrunde: zwischen Fan (Kohlenhydrate = Reis, Getreide, Nudeln, Pfannkuchen und Brot) und Cai (alle anderen Lebensmittel von Fleisch, Fisch und Meeresfrüchten bis zu frischem oder eingelegtem Gemüse und Eiern). Die Möglichkeiten, Cai-Lebensmittel für eine Speise zusammenzustellen, sind nahezu unbegrenzt, aber das Ziel ist dabei lediglich, die Kohlenhydratmenge durch Fleisch oder Gemüse auszugleichen. Bei Lebensmittelknappheit oder gar Hungersnöten verschieben sich die Proportionen zwangsläufig, aber das Prinzip ändert sich nie.

Die enorme Auswahl an Zutaten ist unübertroffen. Es heißt von den Chinesen oft abfällig, dass sie alles essen (Hunde, Schlangen, Insekten). Dabei nahmen sie seit jeher lediglich die goldene Regel „Verschwen-

Links *Ein Koch bei der Zubereitung von Teigtaschen*

Folgende Doppelseite *Bizarre Kalksteinformationen durchziehen weite Landstriche im Süden Chinas.*

dest du nichts, entbehrst du nichts" beim Wort – so sehr, dass sie jegliche wilde Pflanzen zu nutzen wissen, sämtliche Teile eines Tieres verwerten sowie Gemüse konservieren, wenn es saisonfrisch auf dem Markt ist. Auf dieser Basis entstand eine Küche mit einer bemerkenswerten Vielfalt von Speisen und Zubereitungsmethoden. Hinzu kommt, dass sich die Chinesen nicht scheuen, Nahrungsmittel aus dem Ausland zu übernehmen. Mais und Erdnüsse wurden von den Portugiesen, Chillies von den Spaniern und Kartoffeln von den Franzosen nach China gebracht. Auch Tomaten und Auberginen sind hier Immigranten. Manche dieser eingeführten Pflanzen wurden für die tägliche Ernährung unabkömmlich.

Ein weiteres wichtiges Thema der chinesischen Küche ist die Gesundheit. Nahrung sah man in China schon immer als eine Form der Medizin an. Fast jeder Chinese reagiert auf eine Erkrankung mit einer Umstellung seines Speiseplans. Pflanzen, die vor allem als medizinisch wirksam gelten, wie Ginseng, Silberohren (eine Pilzart) und Vogelnester, werden dann auch in der eigenen Küche verarbeitet.

Grundsätzlich ordnet man in China Lebensmittel den zwei Seiten des uralten kosmischen Prinzips von Yin und Yang zu. Männliche Yang-Eigenschaften haben wärmende Lebensmittel, während kühlende Lebensmittel weibliche Yin-Eigenschaften besitzen. Beispielsweise wirken Rindfleisch, Karotten und Chillies wärmend, Krebse, Brunnenkresse und Gurken hingegen kühlend. Das Yin-Yang-Prinzip kommt zunächst bei der Planung einer Mahlzeit zum Tragen; dabei berücksichtigt man nicht nur, was der Markt gerade anbietet, sondern auch, wie alt und in welcher gesundheitlichen Verfassung die Personen am Tisch sind, und nicht zuletzt die aktuelle Wetterlage, denn sie beeinflusst ebenfalls das Verhältnis zwischen Yin und Yang. Daher bereitet man wärmende Gerichte wie Schlangensuppe oder Hammel-Fondue gern als Einstimmung auf den Winter zu. Das kosmische Prinzip spielt zudem eine Rolle bei der Zusammenstellung der Zutaten für ein Gericht. Kühlende Sojabohnen beispielsweise kann man mit ein wenig wärmendem Ingwer garen, um das Warm-Kalt-Verhältnis auszugleichen, das Aroma des Gerichts zu verfeinern oder auch nur, weil Ingwer ein bewährtes Mittel gegen Blähungen und Husten ist.

Ein Ungleichgewicht zwischen Yin- und Yang-Lebensmitteln wird oft als Grund für Krankheiten betrachtet. So behandelt man mit kühlenden Zutaten Wunden, Hautausschläge und Fieber, während wärmende bei Magenverstimmungen und trockener Haut eingesetzt werden – vielleicht lernten die Chinesen darum so ausgezeichnet, mit dieser komplizierten Metaphysik des Essens zu leben, weil ihre Speisen doch weitaus besser munden als bittere Medizin!

Das chinesische Pendant zu unserem weihnachtlichen Feiern und Schlemmen im Kreise der Familie ist das Neujahrsfest.

Das chinesische Neujahrsfest

Das chinesische Pendant zu unserem weihnachtlichen Feiern und Schlemmen im Kreise der Familie ist das vier Tage dauernde Neujahrsfest, das Ende Januar, Anfang Februar stattfindet. Am Vorabend des ersten Feiertages kommen die Familienmitglieder im Haus der Mutter oder der Großmutter zusammen, die für das wichtige Festessen verantwortlich sind.

Dieses setzt sich im Idealfall aus mindestens acht verschiedenen Gerichten zusammen (die Acht gilt in China als Glückszahl), zu denen ausgesprochene Delikatessen wie Abalonen oder Haifischflossensuppe gehören. Aber natürlich halten die Chinesen dabei die

時間
晚 22:00
酒宴
小吃

China ist ein riesiges, von Bergketten zerklüftetes Land, im Norden begrenzt von Wüsten, im Westen von Hochplateaus, durchzogen von gewaltigen Strömen.

hohen Preise mancher Zutaten und die lange Vor- und Zubereitungszeit der Gerichte im Auge.

Daneben sollte möglichst jedes Neujahrsgericht Glück, Reichtum, Gesundheit usw. symbolisieren. Keine der Speisen wird vollständig aufgegessen, womit man beschwören will, dass die Familie auch im neuen Jahr über mehr als nur das Nötige verfügen kann.

Gedämpftes Huhn wird ganz serviert, mit Füßen und Kopf. Letzterer darf beim Servieren niemals einer am Tisch sitzenden Person zugewendet sein, denn das brächte ihr Unglück. Für das Festessen ist auch ein möglichst frischer Fisch unverzichtbar – er wird ebenfalls mit Kopf und Schwanz serviert und steht für den glücklichen Abschluss des alten Jahres und den gesegneten Beginn des neuen. Damit der Familie das Glück im neuen Jahr hold ist, darf der Fisch weder beim Kochen noch danach zerfallen. Andere traditionelle Neujahrsspeisen sind gefüllte Seegurken und Schwarzmoos, dessen lange Fäden Wohlstand und Reichtum symbolisieren.

Im Norden Chinas serviert man weniger Fisch und Meeresfrüchte, da sie nicht immer frisch erhältlich sind, dafür aber stets Jiaozi (Seite 50) und den Acht-Schätze-Reiskuchen (Seite 248).

Auch lange Nudeln kommen auf den Tisch – sie versprechen ein langes Leben, darum bringt es Unglück, wenn man sie zerschneidet. Eine große Platte mit süßen Knabbereien geht dem Menü voraus, darunter kandierte Melonen, rote Melonenkerne, Litschinüsse, Kumquats, Kokosnussstücke, getrocknete Longans und Lotussamen. Man teilt auch süße gedämpfte runde Kuchen miteinander, deren Schichten stetig wachsenden Überfluss während des ganzen Jahres verheißen, während ihre runde Form für die Einheit der Familie und ihre Süße für ein reiches Leben stehen.

Die Geschäfte werden dekoriert, um das neue Jahr willkommen zu heißen.

Am ersten Tag des Neujahrsfests besuchen viele Familien einen Tempel, der zweite Tag sieht sie im Haus der Mutter (das erste Essen findet in der Familie des Ehemanns statt), und der dritte Tag wird in der Regel gemütlich zu Hause oder bei einem Einkaufsbummel verbracht. Ein Höhepunkt sind die lärmenden Löwentänze, und die Kinder erhalten in rote Päckchen oder Kuverts gehülltes „Glücksgeld" oder „Neujahrsgeld".

Annäherung an die chinesische Küche

China ist ein riesiges, von Bergketten zerklüftetes Land, im Norden begrenzt von Wüsten, im Westen von Hochplateaus, durchzogen von zwei gewaltigen Strömen, dem Jangtse und dem Gelben Fluss, auf denen Waren von Provinz zu Provinz transportiert werden. Die Mehrheit der Einwohner Chinas sind Han-Chinesen. Daneben leben aber auch viele Tibeter, Mongolen und Uiguren in der Volksrepublik sowie kleinere Völkerschaften, die sich häufig in den entlegensten Bergregionen niedergelassen haben. Der Buddhismus kam aus Indien nach China und ging dort bald im Konfuzianismus und Taoismus auf. China hat weder eine einheitliche Sprache noch eine einheitliche Religion. Ebenso wenig gibt es ein typisch chinesisches Temperament oder einen typischen „Volkscharakter": Die Pekinger gelten als Intellektuelle,

Gemeinsam ist fast allen Chinesen die Vorliebe für kleine, auf der Straße angebotene Imbisse. Jede Stadt und jede Provinz hat hier ihre eigenen kulinarischen Spezialitäten.

die Shanghaier als Händler und die Kantonesen als Unternehmer. Darum kann man auch die chinesische Küche kaum allgemein verbindlich definieren. Vielleicht liegt aber ihre gemeinsame Essenz in der Dreieinigkeit der Zutaten Ingwer, Frühlingszwiebeln und Sojasauce, dicht gefolgt vom Kohl, der in der ganzen Volksrepublik gegessen wird. Aber schon bei seiner Zubereitung gibt es gravierende Unterschiede: Im Norden wird er eingelegt, eingeweckt oder mariniert als Salat gegessen, im Süden brät man ihn erntefrisch nur kurz im Wok, damit er knackig bleibt.

Auf den ersten Blick böte sich auch der Reis als nationales kulinarisches Bindeglied an, aber tatsächlich wird er nur in den südlichen Landesteilen angebaut und gegessen, während man im kälteren Norden eher Getreide wie Weizen und Hirse schätzt. Das gilt nach wie vor, auch wenn heute im Norden Reis und im Süden Getreide immer beliebter wird. Gemeinsam ist fast allen Chinesen allerdings die Vorliebe für kleine, auf der Straße angebotene Imbisse, jede Stadt und jede Provinz hat hier ihre eigenen Spezialitäten: von scharfen Nudeln in Chengdu oder frisch zubereiteten Teigwaren in Peking bis zu Hähnchenfüßen in Guangzhou und gedämpften Klößen in Shanghai.

Seit Jahrhunderten versuchen Gelehrte und Feinschmecker, die wichtigsten regionalen Küchen Chinas zu beschreiben. Für unsere Zwecke reicht es, die kulinarische Landkarte nach den vier Himmelsrichtungen zu beleuchten: die scharfe Küche des Westens, die frische des Ostens, die feine des Südens und die große klassische des Nordens.

Rechts *Überall findet man kleine Imbissstände.*

代进程

Der Norden

Der Norden ist das Land der langen kalten Winter, der trockenen Sandstürme aus der Wüste Gobi und der überaus heißen Sommer. Diese Bedingungen lassen keine sonderlich vielfältige Landwirtschaft zu, auch wenn hier Getreide, Süßkartoffeln, Sojabohnen und Erdnüsse gut gedeihen. Kohl und Rettiche macht man sich für die langen Wintermonate verfügbar, indem man sie einweckt. Im Sommer gibt es allerdings ein reichhaltiges Angebot an frischem Gemüse und Früchten, vor allem saftige Wassermelonen.

Die Haute Cuisine des Nordens, zu dem auch die Innere Mongolei zählt, profitiert von vielen Einflüssen, besonders dem der Mandschu und der Mongolen. Da auch die frühen Kaiser – die Fleisch, vor allem Hammelfleisch, allen anderen Nahrungsmitteln vorzogen – ebenfalls aus den nördlichen Regionen stammten, wurde sie auch als die kaiserliche Küche bezeichnet. Später wurde sie stark von der Küche Shandongs beeinflusst, dank der Reisen, die Händler aus dieser Küstenprovinz nach Peking unternahmen. Shandong ist berühmt für sein großes Angebot an Meeresfrüchten und die raffinierte Verarbeitung von Grundnahrungsmitteln wie Zwiebeln – und nicht zuletzt ist es die Heimat des großen chinesischen Philosophen Konfuzius.

Besonders bemerkenswert an den kaiserlichen Gerichten sind die große Sorgfalt bei der Auswahl hochwertiger Zutaten, die diffizile Zubereitung und der raffinierte Geschmack. Die Küchen des Kaiserhofs haben wohl abertausende Arbeitskräfte beschäftigt, und jede Mahlzeit wurde äußerst aufwändig zelebriert. In Peking gibt es noch ein paar Restaurants mit sehr betagten Chefs, die den Geist der imperialen Küche pflegen – aber ihr Angebot reicht nicht annähernd an jene Ausschweifungen heran, denen man ehedem in der Verbotenen Stadt frönte.

Ein Bauer setzt Pflanzen in einem Reisfeld.

Die Peking-Ente (Seite 165) ist der wohl wichtigste Beitrag des Nordens zur Küche des modernen China. Die speziell hierfür gezüchteten, weiß gefiederten Peking-Enten haben eine besondere Haut, die beim Braten wunderbar knusprig wird. Fleisch und Haut werden mit fein geschnittenen Frühlingszwiebeln und Gurkenstiften auf einem kleinen Weizenpfannkuchen angerichtet und mit süßer Hoisin- oder Pflaumensauce geschmacklich abgerundet.

Aus der Inneren Mongolei stammen zwei wichtige kulinarische Beiträge: das Mongolische Fondue (Seite 144) und das mongolische „Barbecue". Diese Gerichte sind eine sehr gesellige Sache und waren zweifelsohne für lange kalte Winterabende gedacht. Die nomadischen Hirtenvölker im Norden waren häufig Muslime. Ihnen war Schweinefleisch verboten, und so bevorzugten sie Lamm- und Hammelfleisch. Ihre Spezialitäten breiteten sich schnell über den ganzen Norden bis nach Peking aus.

Die Provinz Shandong ist heute besonders berühmt für ihre Bierproduktion, die sich um Qingdao konzentriert, ebenso aber für den Weinanbau. Ein Regierungsbeschluss gab vor einigen Jahren den Startschuss für einen regeren Handel mit Wein, allerdings ist chinesischer Wein immer noch relativ teuer. Die vielleicht besten Weine werden bislang in der Provinz Shanxi produziert, dort sollen auch die ersten Trauben überhaupt angebaut worden sein. Shanxi war einst auch politisch bedeutsam, denn dort kam es zu vielen Aufständen gegen die Zentralgewalt – der Film *Rote Laterne* wurde in einem der schönsten alten Anwesen der Provinz gedreht. Heute ist sie jedoch vor allem für dunklen Essig, Kartoffeln, Tomaten und Weizennudeln berühmt.

Der Süden

Die Küche des Südens wird gemeinhin mit der kantonesischen Küche gleichgesetzt. Sie gilt als die feinste Küche Chinas, und das nicht nur bei den Kantonesen

Die Kantonesen sind berühmt für ihr Dim Sum, kleine Häppchen, die bei einem Yum Cha mit Tee eingenommen werden.

selbst, die ihre Kochkunst für die raffinierteste der Welt halten. Im Norden mokiert man sich scherzhaft darüber, was die Kantonesen essen: nämlich alles, was Beine hat, ausgenommen Tische, sowie alles, was Flügel besitzt, von Flugzeugen abgesehen. Tatsächlich verarbeiten die Kantonesen alle nur erdenklichen Tiere und tierischen Körperteile und lieben das Experimentieren mit allen möglichen Zutaten. Die Vielfalt ihrer Küche ist entsprechend groß.

Dabei beruht ihr Erfolg auf der diffizilen Balance zwischen Geschmack, Konsistenz und Farbe jedes Gerichts. Voraussetzung dafür ist das behutsame Vorbereiten der Zutaten und die hohe Kunst des Pfannenrührens, dank derer die Zutaten schnell garen und doch knackig bleiben.

Die Verfügbarkeit einer großen Zahl frischer und hochwertiger Zutaten kommt den hohen kulinarischen Ansprüchen der Kantonesen entgegen. Das subtropische Klima und der fruchtbare Boden ermöglichen eine lange Erntezeit. Frisches Gemüse, vor allem Paprika, Auberginen, Zwiebeln, Tomaten und viele Sorten Blattgemüse, sind das ganze Jahr über erhältlich, Bananen, Litschis und Papayas je nach Saison. Und Chinas bester Reis kommt aus den riesigen Feldern im südlichen Guangzhou.

Obwohl eine Küstenregion, kann der Süden auch auf Schätze aus den Flüssen und Seen sowie den Fischfarmen zurückgreifen. Schweine- und Hühnermast sind ebenfalls ein großer Industriezweig. Hühner werden in der Regel erst direkt vor dem Verkaufen getötet, Schweine kommen bereits wenige Stunden nach dem Schlachten auf den Markt.

Man rühmt die Kantonesen für ihr Dim Sum, kleine gebratene oder gedämpfte Leckereien, die man mit Tee zu sich nimmt. Das Angebot reicht von köstlichen Klößen, zum Beispiel mit Garnelen oder mit Schweinefleisch, bis hin zu Hühnerfüßen und Congees. Die Dim-Sum-Küche wird von den Kantonesen hoch geschätzt, und die Kunst der perfekten Dim-Sum-Zubereitung verlangt vom Koch einen lebenslangen Lernprozess.

Die kantonesische Küche kennt drei Traditionsstränge, die mit den Chiu Chow, den Hainan-Chinesen und den Hakka verbunden sind. Die Chiu-Chow-Tradition gerät heute vor den beiden anderen in den Hintergrund, genießt aber noch immer hohe Wertschätzung. Warme und kalte Gänse-Gerichte, inklusive Leber und Blut, sowie Suppen und Fischbällchen gehören zu ihren Spezialitäten.

Die subtropische Inselprovinz Hainan ist ein beliebtes Ferienziel, trotzdem blieben einige dortige Gerichte, vor allem das aufwändige Hainan-Hühnchen mit Reis (Seite 129), bis heute unverfälscht.

Die Küche der Hakka ist äußerst einfach, aber perfekt ausgewogen. Frisches Gemüse behält hier durch behutsames Garen, bei dem man auf mächtige Fette oder dominante Gewürze (wie Knoblauch) verzichtet, seine Knackigkeit. Hähnchen im Salzmantel (Seite 130) oder frittierte Chillies mit Fisch-Ingwer-Füllung (Seite 90) sind neben Gemüsegerichten bekannte Hakka-Spezialitäten.

Die kantonesische Küche wird außerhalb Chinas häufig mit der chinesischen gleichgesetzt. Grund dafür ist weniger ihre ausgezeichnete Qualität als die Tatsache, dass aus dieser Region im 19. und 20. Jahrhundert die meisten Chinesen in den Westen emigrierten. Überall auf der Welt eröffneten sie kleine Imbisslokale und Restaurants, durch die die Gastländer die „chinesische Küche" kennen lernten. Hatte ein Restaurant Erfolg, kopierte ein anderes einfach dessen Angebot – darum wurden Speisen wie Chop Suey, Chow Mein usw. äußerst populär, die zwar ihren Ursprung in der kantonesischen Küche haben, aber keineswegs repräsentativ für China sind.

Der Osten

Shanghai war einst eine der größten Städte der Welt – heute ist das boomende chinesische Wirtschaftszentrum dabei, sich diesen Status erneut zu verschaffen. Wirtschaftskraft und lokale Kultur lassen die Stadt eine führende Rolle im Reich der Mitte spielen. Shanghai blickt auf eine bewegte multikulturelle Geschichte zurück und repräsentiert darum gut die Küche Ostchinas, das sich über die Küstenprovinzen Jiangsu und Zhejiang erstreckt. Der Seehandel brachte Shanghai großen Wohlstand, mit dem ein kosmopolitisches Selbstbewusstsein einherging. Ausländische Konzessionäre – Briten, Franzosen und Russen – führten ihre eigenen kulinarischen Traditionen ein, darunter alle Arten von Brot, Kuchen und Pasteten.

Shanghais Nähe zum Meer und zu großen Seen und Flüssen sowie das fruchtbare Hinterland ließen hier ein Feinschmecker-Paradies entstehen. Die Region heißt auch „Land von Reis und Fisch" – Delikatessen wie die nur saisonal erhältliche Wollhandkrabbe (ihr Name rührt von den wolligen Scheren der Männchen) sind sehr gefragt und teuer. Auch Aal ist eine Spezialität aus der Region, die zudem bekannt für ihren Essig und Reiswein ist. Schwarzer Essig aus Chinkiang, eine Art chinesischer Balsamico, und Shaoxing-Reiswein gehören zu den besten in ganz China.

Öl, Sharkara (ayurvedischer Rohrzucker), Reiswein und Essig trifft man in der Shanghai-Küche immer wieder an. Die Gerichte mögen bisweilen sehr fettig oder sehr süß sein, generell vollbringt man hier aber selbst mit den einfachsten Zutaten wahre Wunder an Geschmack und Ausgewogenheit.

In Hongkong nimmt man die meisten Mahlzeiten, vor allem gesellschaftlicher Art, außer Haus ein, schon weil die meisten Wohnungen selbst für kleinste Familienzusammenkünfte zu beengt sind.

Kaum weniger bekannt als die Shanghai-Küche ist die Küche von Fujian, der südlichen Nachbarprovinz von Zhejiang. Fujian grenzt an Taiwan, und die beiden Kochstile beeinflussen sich nach wie vor. Chefköche aus Fujian sind berühmt für ihre Suppen (noch mehr als die Kantonesen) – von den klarsten Brühen bis zu den reichhaltigsten Eintöpfen mit Fleisch oder Gemüse.

Der Westen

Der weite Westen des Landes (mit Tibet) grenzt an Nepal, Indien, Bhutan, Myanmar, Laos und Vietnam. Aus dem Westen (nämlich Indien) kam der Buddhismus nach China, später kamen noch muslimische Einflüsse hinzu. Zweifellos wurde die scharfe Küche Westchinas durch die genannten Nachbarn beeinflusst, wofür auch eine ganze Reihe gemeinsamer Gerichte und Garmethoden spricht.

Der Westen Chinas zählt zu den landschaftlich schönsten Gebieten des Landes, mit weiten Berglandschaften, ausgedehnten Wäldern, malerischen Seen und Flüssen. Kunming, die Hauptstadt der Provinz Yunnan, ist berühmt für ihre abwechslungsreiche Flora. Manche Gegenden sind immer noch schwer zugänglich und arm.

Kulinarisches Zentrum der Region ist die Provinz Szechuan mit ihrer Hauptstadt Chengdu. Ein Sinnspruch lautet: „China ist ein Hort von Nahrungsmitteln, aber Szechuan ein Hort von Aromen". Und die Szechuan-Küche hat in der Tat Aroma! Chillies kamen mit jesuitischen Missionaren ins Land und wurden bald in die hiesige Küche integriert. Die scharfen Früchte spielen eine wichtige Rolle, entweder eingelegt oder getrocknet. Szechuan-Pfeffer, aus den Fruchtkapseln kleiner roter Beeren gewonnen, sorgt für ein unvergleichliches Aroma und ein fast betäubendes Gefühl auf der Zunge. Dazu kursiert ein Witz, demzufolge die Bewohner von Szechuan dieses zungenbetäubende Gewürz nur verspeisen, um noch größere Mengen Chillies essen zu können! Chillies sind eine hervorragende Quelle für die Vitamine A und C und damit ideal für das harte Klima Szechuans, das in den langen Wintermonaten den Himmel mit grauen Wolkenmassen verhängt. Außerdem helfen sie, den Körper zu entwässern.

Zahlreiche Bohnen- und Sesampasten sowie eingelegtes Gemüse tragen zum breiten Aromen-Angebot der Szechuan-Küche ebenfalls bei. Zugleich gibt es hier, wie bei allen für ihre scharfen Gerichte bekannten Küchen, auch eine Anzahl von Speisen, die mildernd und reinigend wirken und den Gaumen besänftigen.

Die Szechuan-Küche muss den Westen noch erobern, aber in China selbst wird sie sehr geschätzt, zumindest von jenen, die scharfes Essen mögen. Klassische Gerichte wie Tofu mit Hackfleisch (Seite 141), Gong-Bao-Hähnchen (Seite 126) oder Dan Dan Mian (Seite 188) werden immer beliebter und zunehmend auch außerhalb Szechuans angeboten. Mit Kampfer und Tee geräucherte Enten gelten ebenfalls als Klassiker der Region. In der Yunnan-Provinz an der Grenze zu Vietnam, Laos und Myanmar wird der berühmteste gekochte Schinken von ganz China produziert. In der Volksrepublik sind Bemühungen im Gange,

Produkte mit Top-Qualität auszuzeichnen und mit einem Siegel zu schützen, vergleichbar dem AOC-Gütesiegel in Frankreich. Der erwähnte Schinken mit seinem starken und ausgeprägt fleischigen Aroma wird in der Regel geschmort oder in Suppen gegeben. Mit Speck und Schmalz wird hier viel gekocht, und Schweinefleisch aus Yunnan hat durchweg eine ausgezeichnete Qualität. Der hochwertige, auch bei uns bekannte Pu-Erh-Tee stammt ebenfalls aus dieser Provinz. Von ihm abgesehen ist die Yunnan-Küche, in der viel Joghurt, Quark und Käse verarbeitet wird, dem westlichen Publikum noch kaum bekannt.

Chinesische Restaurants

Restaurants sind in China eine Institution. In Hongkong nimmt man die meisten Mahlzeiten, vor allem gesellschaftlicher Art, außer Haus ein, schon weil die meisten Wohnungen selbst für kleinste Familienzusammenkünfte zu beengt sind. Der gemeinsame Besuch im Restaurant ist wichtiger Bestandteil für jede Art von Beziehungen, auch der geschäftlichen.

In einer Restaurant-Küche kann man natürlich Ergebnisse erzielen, die in der häuslichen Küche undenkbar sind. So verfügt eine Hotel- oder Restaurantküche über genügend Platz für große, gasbeheizte Wok-Kochfelder, für Fritteusen und Öfen, die in den häuslichen Küchen nicht unterzubringen wären. Und die Fertigkeiten eines erfahrenen Küchenchefs, der seine Kunst tagtäglich praktiziert und perfektioniert, können von einem Hobbykoch nie erreicht werden. Beste Zutaten, eine hoch entwickelte Zubereitungs- und Gartechnik und der Instinkt für sekundengenaues Timing lassen häusliche Anstrengungen daneben verblassen.

Die blühende Restaurant-Szene in Hongkong gilt als führend im ganzen Land. Bei uns bieten China-Restaurants mitunter bis zu 100 Gerichte an, vorwie-

Ein Koch bereitet eine Schale mit Nudelsuppe für eine kleine Zwischenmahlzeit vor.

In Peking, Shenzen und Shanghai kann man überall gutes Essen bekommen, und sei es in den Garküchen am Straßenrand.

gend aus der kantonesischen Küche, ergänzt durch einige wenige aus den nördlichen Regionen. In Hongkong jedoch gibt es Restaurants, die sich auf ein einziges Gericht spezialisiert haben, z. B. auf Wantan-Nudelsuppen, Congees, Fondues oder Dim Sum, oder auf Zutaten wie Fisch oder Täubchen. Restaurants mit regional gefärbter Küche (Chiu Chow, Szechuan oder Shanghai) sind ebenfalls zahlreich und Zeugen früherer Migrationsströme aus den Provinzen in die ehemalige britische Kronkolonie.

Die Restaurant-Kultur blüht heute vielerorts in China wieder auf, allerdings findet man noch häufig gesonderte Restaurants für Fremde und für Einheimische. Wie überall auf der Welt sind die Einheimischen-Restaurants in der Regel die besseren, jedoch ist in kleineren Städten die Qualität der Speisen oft zweifelhaft, und sie entsprechen auch nicht dem Geschmack eines westlichen Touristen. In den großen Ballungsgebieten von Peking, Shenzen oder Shanghai ist es dagegen leicht, jederzeit gutes Essen zu bekommen, und sei es an den kleinen Garküchen am Straßenrand.

Das typische chinesische Restaurant, und das gilt für alle chinesischen Restaurants dieser Welt, wirkt nicht selten düster, laut und etwas chaotisch. Der Grund dafür mag die „Revolution" der Restaurant-Kultur nach 1949 sein, als man mit übergroßen, speisesaalähnlichen Räumen gegen die elitäre Natur des Kochens und Genießens anging. Die großen Tische eignen sich aber gut für die typischen, oft mehrere Generationen umfassenden Familien, die hier speisen, und in Dim-Sum-Restaurants, wo ständig Berge von Bambus-Dämpfkörben durch den Raum getragen werden, sorgt dieses System dafür, dass das Essen immer heiß auf den Tisch kommt.

Das Tor zum kaiserlichen Himmelsaltar auf dem Gelände des Pekinger Himmelstempels

In chinesischen Restaurants gibt es kaum Etikette. Wichtiger ist die Qualität (und die Menge) des Essens. Kein Chinese wird die Nase rümpfen, wenn das Tischtuch (falls es eines gibt) mit Essen oder Tee befleckt ist, und kein Kellner wird herbeieilen, um das Missgeschick zu beseitigen. Die Gäste bedienen sich in der Regel selbst von den gemeinschaftlichen Gerichten. Man wählt dabei z. B. das Stück Fleisch oder Fisch aus, das am nächsten steht, und es zeugt von guten Manieren, wenn man den Gast an seiner Seite bedient. Der Gastgeber kredenzt den besten Teil eines Fisches dem Gast mit dem höchsten Ansehen, obligatorisch ist auch, Tee zuerst den anderen und sich selbst zuletzt einzuschenken. Für den Gebrauch von Essstäbchen gibt es einige Grundregeln: Wenn man sie nicht benutzt, legt man sie auf ihrem Bänkchen oder auf dem Teller ab, niemals in der Essschale. Mit Stäbchen auf jemanden zu zeigen gilt als unhöflich.

Ob man die eigene Reisschale völlig leert oder nicht, ob sämtliche Speisen auf dem Tisch verzehrt werden oder nicht, ob ein Gericht Anklang findet oder nicht, ist reine Ermessenssache. Die älteren Generationen, die sich noch an Kriegsrationierung oder gar Hungersnöte erinnern können, neigen weltweit dazu, alles aufzuessen. Chinesen sind da nicht anders. Jüngere haben aber ein anderes Essverhalten. Man sollte sich über diese und andere Gepflogenheiten nicht allzu sehr den Kopf zerbrechen, denn überall auf der Welt werden wir ermutigt, die Spezialitäten fremder Küchen zu genießen, und die Menschen sind überall glücklich, wenn man ihre Küche schätzt.

In einer chinesischen Küche

In den meisten südchinesischen Haushalten gibt es nicht mehr als zwei Gasherdfelder, einen Reiskocher und neuerdings vielleicht eine Mikrowelle. Weiter im Norden ist die Küchenausstattung oft noch einfacher und besteht aus einem Gestell für Woks und Pfannen, die über (Holz-)Kohlefeuer erhitzt werden. Unverzichtbar in einer chinesischen Küche sind:

Schneidebrett Traditionell verwendet man dicke Holzbretter. Holz eignet sich zum Schneiden besser als andere Materialien, weil die Messer nicht so schnell stumpf werden.

Stäbchen Neben den Stäbchen, die am Tisch gebraucht werden, verwenden die meisten Köche ein Paar größere hölzerne Stäbe zum Rühren und Vermengen der Zutaten im Wok.

Tontopf Ein traditioneller Topf mit Deckel und glasierter Innenwand. Er eignet sich hervorragend zum Schmoren und auch für die Zubereitung von Suppen.

Hackbeil Wird zum Hacken von Gemüse oder zum Tranchieren oder Teilen von Fleisch verwendet, aber auch um Zutaten in den Wok zu heben oder zu zerdrücken (mit dem Griff oder der Klinge).

Holzlöffel Ein Paar große Holzlöffel oder Pfannenwender sind ideal für das Pfannenrühren im Wok oder zum Vermengen von Zutaten.

Dämpfkörbe In China traditionell Körbe aus Bambus in verschiedenen Größen, die zum Dämpfen in den Wok gesetzt werden. Ein Schnellkochtopf oder ein Dämpfeinsatz aus Metall eignen sich ebenfalls.

Wok Die besten sind gusseisern. Woks sollte man nur mit heißem Wasser reinigen. Beim Garen entsteht der berühmte typische „Wok-Geschmack". Man heizt den Wok vor, ehe man Öl hineingibt.

Der chinesische Vorratsschrank

Bambussprossen Frische Bambussprossen sollten zunächst geschält und 30 Minuten in Wasser gekocht werden. Dosenware vorher abgießen.

Tofu Aus Sojabohnen hergestellt und sehr nährstoffreich. Fast ohne Eigengeschmack, nimmt er die Aromen anderer Zutaten an. Es gibt weichen Seidentofu (für Suppen und Wokgerichte) und festen Tofu (zum Frittieren und Schmoren). Tofu sollte stets in Lake aufbewahrt werden.

Bohnensprossen werden aus Mungbohnen hergestellt – nicht zu verwechseln mit Sojabohnen, aus denen man Sojamehl, Sojamilch und Tofu gewinnt.

Cha Siu Mit Honig glasiertes Schweinefleisch, das häufig als Geschmacksverstärker für andere Gerichte (siehe Seite 148) dient.

Chili-Bohnen-Saucen Einige dieser Saucen müssen vor Gebrauch gekocht werden, andere, wie die Guilin-Paste, kann man direkt verarbeiten. Die Saucen werden meist im Glas angeboten.

Chiliöl Man kann das Öl gut selbst herstellen, indem man rauchend heißes Öl über einige getrocknete Chiliflocken gießt. Es ist natürlich auch fertig im Handel erhältlich.

Getrocknete Jakobsmuscheln Sie verfügen über ein sehr kräftiges Aroma und müssen vor Gebrauch in heißem Wasser eingeweicht und dann zerkleinert werden. Man verwendet sie gern für Füllungen und Suppen.

Koriander Man benutzt die Blätter dieses aromatischen Krauts häufig zum Garnieren. Die Wurzeln finden in der chinesischen Küche keine Verwendung.

Dip-Saucen Chinesen reichen zu diversen Gerichten sehr gern Saucen zum Dippen, in der Regel auf der Basis von Sojasauce oder Essig. Dip-Saucen sind im Handel erhältlich, können aber auch selbst hergestellt werden:

Jiaozi-Sauce Dazu je 1 EL Sojasauce und Essig, 1/2 TL Zucker, je 1 TL gehackten Ingwer und Knoblauch verrühren.

Sesam-Zwiebel-Sauce Dazu 2 EL helle Sojasauce, 1/4 TL Sesamöl und 2 TL fein gehackte Frühlingszwiebel verrühren und in kleine Schälchen füllen.

Soja-Senf-Sauce In einer Schale 3 EL helle Sojasauce, 1 1/2 EL Senfpulver, 2 EL Hühnerbrühe, 1/2 TL Salz und 1 TL Sesamöl gut verrühren.

Getrocknete Pilze Der gebräuchlichste getrocknete Pilz ist dem japanischen Shiitake-Pilz verwandt. Die Pilze sind abgepackt erhältlich. Je größer, desto teurer sind sie. Vor Gebrauch eine Weile in heißem Wasser einweichen.

Getrocknete Garnelen Vor Gebrauch in heißem Wasser oder Reiswein einweichen. Bereichern Füllungen, Suppen und gebratenen Reis.

Eingelegte schwarze Bohnen Wegen ihres Geschmacks und ihrer Farbe geschätzt. Man kann sie, nachdem man sie abgespült hat, ganz oder zerdrückt verwenden.

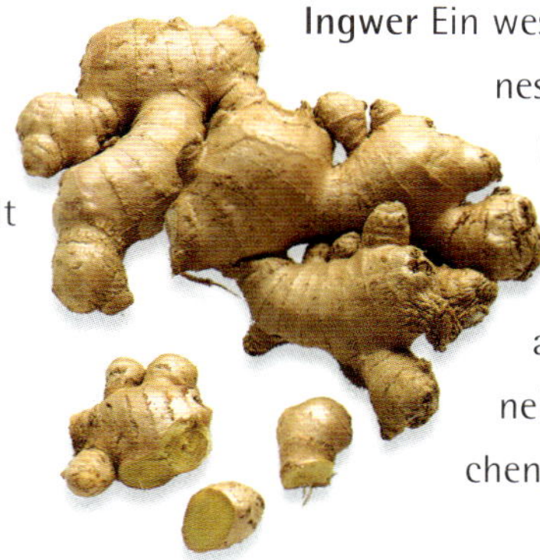

Ingwer Ein wesentliches Gewürz der chinesischen Küche. Ingwerknollen sollten so frisch und saftig wie möglich verwendet werden. Ingwer absorbiert auch unangenehme Küchengerüche.

La Chang Getrocknete Schweinswurst mit leicht süßem Aroma. In Scheiben geschnitten oder fein gehackt verwenden.

La Yuk Ein getrockneter Schinken.

Nudeln Reisnudeln werden aus gemahlenem Reis hergestellt. Sie sind als getrocknete oder frische Bandnudeln und als feine Vermicelli erhältlich. Eiernudeln gibt es in allen Formen – getrocknet oder frisch. Sie werden üblicherweise in kleinen Bündeln verkauft. Glasnudeln sind fast durchsichtig. Sie werden aus Mungbohnenstärke hergestellt und für Nudelgerichte oder Fondues verwendet.

Austernsauce Eine geschmacksintensive Sauce, die in der kantonesischen Küche unabdingbar ist. Sie wird erst kurz vor dem Servieren zugegeben, um die Aromen von Gemüse, Fleisch oder Fisch zu unterstreichen.

Pfannkuchen Pfannkuchen für Peking-Ente sind in der Regel fertig erhältlich, lassen sich aber auch leicht selbst herstellen. Man kann sie in einem Dämpfkorb oder in der Mikrowelle aufwärmen.

Für 30 Pfannkuchen 450 g Mehl und 1 Prise Salz in eine Schüssel sieben und langsam 300 ml kochendes Wasser unterrühren, bis ein glatter, zäher Teig entstanden ist. 2 EL kaltes Wasser und 1/2 TL Sesamöl einarbeiten. Den Teig 4 Min. kneten, bis er weich und geschmeidig ist. Zugedeckt 30 Min. ruhen lassen. Die Arbeitsfläche mit Mehl bestäuben, den Teig halbieren und glatt kneten. Die Teighälften zu Rollen formen und jeweils in 15 Portionen teilen. Diese zu 15 cm großen Kreisen ausrollen. Eine beschichtete Pfanne erhitzen. Die Hitze reduzieren und die Pfannkuchen ohne Öl braten, bis sie kleine gebräunte Flecken zeigen. Wenden und weitere 10 Sek. braten.

Pfeffer Am häufigsten verwendet man gemahlenen weißen Pfeffer.

Pflaumensauce Eine ausgezeichnete Sauce für Frühlingsrollen oder Peking-Ente.

Eingelegtes Gemüse In China legt man die verschiedensten Gemüsesorten, auch gemischt, ein. Eine Spezialität aus der Provinz Szechuan sind die Szechuan-Pickles.

Reis Weißer Reis ist beliebter als Naturreis oder roter Reis, obwohl diese preisgünstiger und nahrhafter sind. Klebreis, der einige Stunden vor dem Garen in Wasser eingeweicht werden sollte, wird vor allem für Desserts verwendet.

Reisessig Reisessig gibt es hell und mild oder dunkel und kräftig. Er wird aus Klebreis und Getreide gewonnen. Nehmen Sie möglichst Chinkiang-Reisessig, der italienischem Balsamico-Essig ähnelt.

Sharkara oder rock sugar Ayurvedischer Zucker aus Zuckerrohr.

Sesamöl Aus gerösteter Sesamsaat gewonnen, verfeinert es viele Gerichte. Wegen seines intensiven Aromas sehr sparsam einsetzen. Man träufelt es meistens kurz vor dem Servieren über das Gericht oder rührt es in kalte Speisen.

Sesampaste Diese intensive dicke Paste sollte vor Gebrauch mit Hühnerbrühe oder Wasser verdünnt werden. Man kann an ihrer Stelle auch das bei uns bekanntere Tahini verwenden.

Shaoxing-Reiswein Reiswein ist in der chinesischen Küche unverzichtbar. Der Reiswein aus der Stadt Shaoxing ist hervorragend. Er wird für Marinaden und zum Glasieren verwendet. Sherry kann zur Not als Ersatz dienen.

Szechuan-Pfeffer Aus den Kapselhülsen einer kleiner roten Pfefferbeere, die leicht geröstet ganz oder gemahlen erhältlich sind. Vorsicht, scharf!

Sojasauce Elementare Zutat der chinesischen Küche auf der Basis fermentierter Sojabohnen. Helle Sojasauce ist dünnflüssiger und salziger und wird als Würzsauce verwendet. Dunkle Sojasauce ist dickflüssiger und süßlicher. Man nimmt sie zum Schmoren und für Marinaden.

Frühlingszwiebeln Eminent wichtig für Farbe, Geschmack und Aroma.

Sternanis Ein sehr aromatisches Gewürz, das man hauptsächlich für Schmorgerichte verwendet.

Brühe Die chinesische Küche unterscheidet zwischen „Alltagsbrühe" (zum Kochen) und „besonderer Brühe" (zum Servieren als Suppe). Hier das Rezept für eine Alltagsbrühe: Einen Topf mit Wasser zum Kochen bringen und ein ganzes Hühnchen oder Hühnchenteile mit Haut und Knochen hineingeben. Nach 1 Min. wieder herausnehmen und das Wasser wegschütten. Hühnchen(teile), 2 Selleriestangen, 1 Stück geschälten Ingwer, 2 Frühlingszwiebeln und 1 Lorbeerblatt mit 2,5 l Wasser in einen hohen Topf geben, aufkochen und abgedeckt $1^{1}/_{2}$–2 Std. köcheln lassen, dabei gelegentlich abschäumen – fertig!

Mandarinenschalen In asiatischen Lebensmittelgeschäften erhältlich. Man kann die Schalen, möglichst von unbehandelten Früchten, aber auch ganz einfach an einem sehr trockenen Ort zu Hause trocknen.

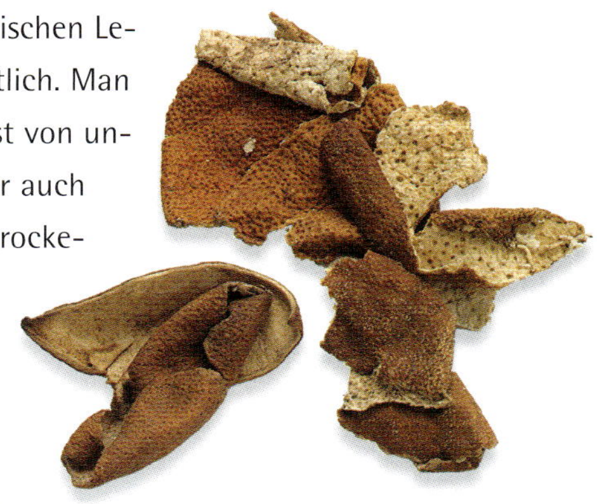

Teigblätter In China werden sowohl frische als auch getrocknete Teigblätter zur Zubereitung von Frühlingsrollen, Wantans und anderen Teigtaschen verwendet. Frische Frühlingsrollen-Teigblätter, die kleinen Pfannkuchen gleichen, kann man selbst zubereiten oder backfertig tiefgekühlt kaufen und bis zum Gebrauch einfrieren.

Für 20 weiche Teigblätter 450 g Mehl und 1 TL Salz in eine Schüssel sieben. In eine Mulde in der Mitte 4 verquirlte Eier geben und unterrühren. Langsam mit 450 ml kaltem Wasser zu einem glatten, zähen Teig verarbeiten. Zuletzt 6 EL Öl unterkneten. Jeweils etwa 50 ml Teig in eine kleine Pfanne (15 cm Durchmesser) gießen und schwenkend gleichmäßig verteilen. Backen, bis sich die Teigränder von der Pfanne lösen. Die fertigen Teigblätter stapeln und mit anderen Zutaten auf den Tisch stellen.

VORSPEISEN, SNACKS & SUPPEN

Die Speisenfolge eines chinesischen Menüs unterscheidet sich erheblich von der eines europäischen. So kann man etwa eine Suppe während des ganzen Menüs servieren und nicht nur zu Beginn, wie wir es gewöhnt sind. Selbst zum Frühstück ist eine Suppe wie das Congee mit Fisch (Seite 62) nichts Außergewöhnliches. Vor dem Hauptgericht werden gern Appetithäppchen gereicht. Und zu kleinen Snacks greift man zu jeder Zeit und überall.

In den Straßen chinesischer Städte bieten zahllose kleine Essensstände und Garküchen alle Arten von Frühlingsrollen, Nudel- und Wantan-Gerichte, Suppen, frische Früchte oder Nüsse an. Die Chinesen lieben solch kleine Imbisse, auch wenn es sich dabei immer häufiger um Fertiggerichte aus der Tüte oder Dose handelt.

Traditionell regt man in China den Appetit gern mit ein paar kleinen kalten Vorspeisen an, zum Beispiel mit kaltem Fleisch (wie Gänsefleischscheiben mit Sojasauce), mit Fischgerichten (wie Weißfischchen mit grüner Chili, Seite 57) oder mit eingelegtem Gemüse (wie Marinierte Sojabohnen, Seite 60). Solche Appetithäppchen stehen in privaten Haushalten bereits auf dem Tisch, wenn sich die Gäste setzen, während sie in einem Restaurant wie bei uns als Amuse-Gueules gereicht werden.

Suppen nehmen in der chinesischen Küche einen besonders wichtigen Rang ein, fast immer handelt es sich um klare Brühen mit Einlagen. Sie gelten als stärkend und vor Krankheiten schützend, und das zu jeder Jahreszeit. Haifischflossensuppe und Schlangensuppe sind recht kostspielige, aber begehrte Delikatessen und werden darum gerne bei festlichen Banketten oder zu anderen wichtigen Anlässen

Rechts *Eine Verkäuferin wiegt Ware ab.*

serviert. Bei den alltäglichen Suppen bildet meist eine einfache Hühnerbrühe die Grundlage – durch das Mitgaren weniger Zutaten kann man Geschmack und Aussehen beliebig variieren. Gelegentlich sind solche Suppen durch ihre vielen Fleisch- und Gemüseeinlagen eine vollwertige Mahlzeit, aber fast immer leicht – sogar so beeindruckende Kreationen wie die Hühnersuppe (Seite 71). Andere, etwa die köstliche Szechuan-Kürbissuppe (Seite 67), werden serviert, um den Gaumen nach scharfen Gerichten zu neutralisieren. Es gibt aber keine feste Regel, wann im Rahmen eines Menüs die Suppe serviert werden soll. In erstklassigen chinesischen Restaurants trägt man die Gänge in der Regel nacheinander auf, anderswo serviert man alle Speisen gleichzeitig, und die Gäste bedienen sich selbst oder einander. Suppen trinkt (oder schlürft) man in China üblicherweise aus Schalen, statt sie mit einem Löffel zu essen.

Ebenso beliebt wie in Spanien die Tapas sind in China kantonesische Snacks, die unter dem Namen Dim Sum angeboten werden – eine große Auswahl

Ein erfahrener Dim-Sum-Chef gilt als Künstler, darum bereiten nur wenige Chinesen Dim Sum zu Hause selbst zu.

kleiner Gerichte, zum Beispiel gedämpfte und frittierte Klöße, Nudelgerichte, Congees und Spezialitäten wie Hühnerfüße. Dim Sum – „kleine Herzwärmer" – kann als Imbiss oder komplette Mahlzeit zu jeder Tages- und Nachtzeit mit Tee gereicht werden. Ein erfahrener Dim-Sum-Chef gilt als Künstler, darum bereiten nur wenige Chinesen Dim Sum zu Hause zu. Die alte Wochenendtradition des Yum Cha (wörtlich: „Tee trinken", zu Dim Sum) bietet Familien willkommenen Anlass für gesellige Treffen außer Haus.

Folgende Doppelseite *Die Verbotene Stadt prägt das Bild Pekings.*

贵宾室

Frühlingsrollen
Cheun Gyun

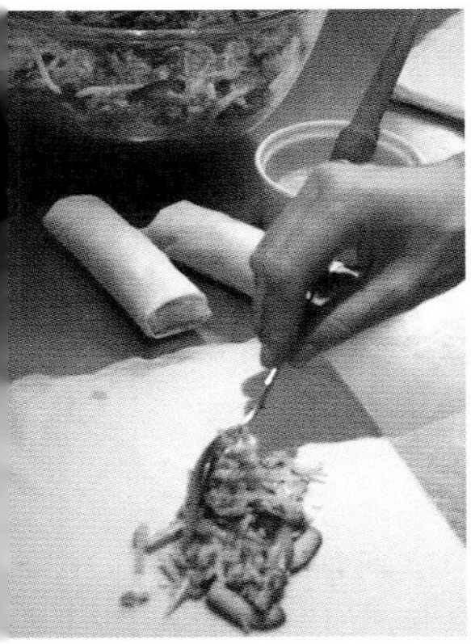
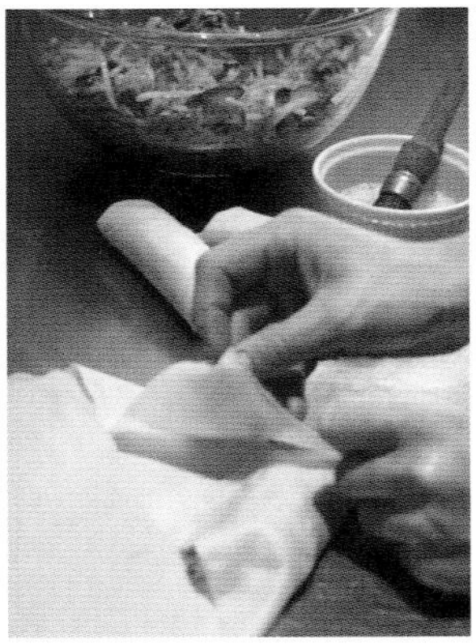

ERGIBT 25 STÜCK

6 getrocknete chinesische Pilze, 20 Min. in warmem Wasser eingeweicht
1 EL Pflanzenöl oder Erdnussöl
225 g Schweinehack
1 TL dunkle Sojasauce
100 g Bambussprossen, frisch oder aus der Dose, abgespült und in Stifte geschnitten (frische Sprossen 30 Min. in Wasser kochen)
1 Prise Salz
100 g rohe Garnelen, ausgelöst, aber mit Schwanzenden
225 g Bohnensprossen, abgespült und grob gehackt
1 EL fein gehackte Frühlingszwiebeln
25 Teigblätter für Frühlingsrollen*
1 Eiweiß, leicht verquirlt
Pflanzenöl oder Erdnussöl, zum Frittieren

1 Die Pilze gut ausdrücken, die harten Stiele entfernen und die Kappen in feine Streifen schneiden.

2 Das Öl im vorgeheizten Wok oder in der Pfanne erhitzen und das Hackfleisch unter Rühren anbraten, bis es anbräunt. Sojasauce, Bambussprossen, Pilze und Salz zugeben und alles bei starker Hitze 3 Minuten unter Rühren anbraten.

3 Die Garnelen zufügen und 2 Minuten mitbraten. Die Bohnensprossen zugeben und 1 weitere Minute garen. Den Wok vom Herd nehmen und die Frühlingszwiebeln unterrühren. Abkühlen lassen.

4 Jeweils einen Esslöffel Hackfleischmischung diagonal in der Mitte jedes Teigblatts verteilen. Die untere Ecke darüber schlagen. Die beiden Seiten einschlagen und fest aufrollen. Die obere Ecke mit Eiweiß bestreichen, einschlagen und andrücken.

5 Öl im Wok, in der Fritteuse oder einem großen Topf auf 180–190 °C erhitzen; ein Brotwürfel sollte darin in 30 Sekunden goldbraun frittiert sein. Die Frühlingsrollen portionsweise etwa 5 Minuten goldbraun und knusprig frittieren.

**Tipp*
Frische Teigblätter aus Weizenmehl mit einer Kantenlänge von 23 cm eignen sich am besten für die Frühlingsrollen, kleinere Blätter ergeben entsprechend kleinere Rollen. Tiefgefrorene Teigblätter lassen sich ebenfalls gut verarbeiten. Versuchen Sie auch einmal Reispapier.

Vegetarische Frühlingsrollen

Sou Choi Cheun Gyun

ERGIBT 20 STÜCK

6 getrocknete chinesische Pilze, 20 Min. in warmem Wasser eingeweicht
50 g Glasnudeln, 20 Min. in warmem Wasser eingeweicht
2 EL Pflanzenöl oder Erdnussöl
1 EL fein gehackter frischer Ingwer
100 g Karotten, in feine Stifte geschnitten
100 g Weißkohl, fein gehobelt
1 EL fein gehackte Frühlingszwiebeln
1 EL helle Sojasauce
85 g weicher Tofu, in kleine Würfel geschnitten
1/2 TL Salz
1 Prise weißer Pfeffer
1 Prise Zucker
20 Teigblätter für Frühlingsrollen*
1 Eiweiß, leicht verquirlt
Pflanzenöl oder Erdnussöl, zum Frittieren

1 Die Pilze gründlich ausdrücken, die harten Stiele entfernen und die Kappen fein hacken. Die Nudeln abtropfen lassen und grob hacken.

2 Das Öl im vorgeheizten Wok oder in der Pfanne erhitzen und den Ingwer darin schwenken, bis er zu duften beginnt. Die Pilze etwa 2 Minuten unter Rühren anbraten. Karotten, Kohl und Frühlingszwiebeln zugeben und 1 Minute pfannenrühren. Glasnudeln und Sojasauce 1 Minute mitbraten. Den Tofu zufügen und 1 weitere Minute garen. Mit Salz, Pfeffer und Zucker abschmecken. Weiterrühren, bis die Karotte gar, aber noch bissfest ist. Den Wok vom Herd nehmen und abkühlen lassen.

3 Jeweils einen knappen Esslöffel Gemüsemischung diagonal in der Mitte jedes Teigblatts verteilen. Die untere Ecke darüber schlagen. Die beiden Seiten einschlagen und fest aufrollen. Die obere Ecke mit Eiweiß bestreichen, einschlagen und andrücken. Die Rollen sollten eine Länge von etwa 10 cm haben.

4 Öl im Wok, in der Fritteuse oder einem großen Topf auf 180–190 °C erhitzen; ein Brotwürfel sollte darin in 30 Sekunden goldbraun frittiert sein. Die Frühlingsrollen portionsweise etwa 5 Minuten goldbraun und knusprig frittieren. Dazu eine Sojasauce als Dip reichen.

**Tipp*
Wenn auch nicht authentisch, so kann man aber kleinere Führungsrollen gut mit Reispapier-Blättern herstellen. Dazu das Reispapier zuvor zum Aufweichen mit warmem Wasser bestreichen. Es lässt sich leichter verarbeiten als Blätter aus Weizenmehl.

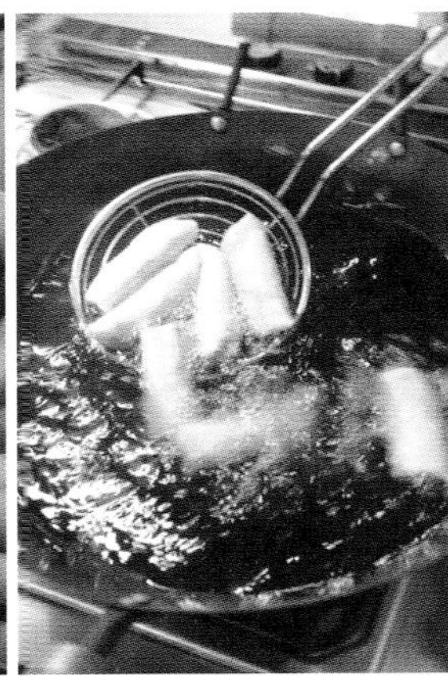

Schweinefleisch-Garnelen-Täschchen

Chung Sik Yut Naam Cheun Gyun

ERGIBT 20 STÜCK

115 g fester Tofu*

3 EL Pflanzenöl oder Erdnussöl

1 TL fein gehackter Knoblauch

55 g mageres Schweinefleisch, grob gehackt

115 g rohe Garnelen, ausgelöst

1/2 kleine Karotte, in feine Stifte geschnitten

55 g Bambussprossen, frisch oder aus der Dose, abgespült und in Stifte geschnitten (frische Sprossen 30 Min. in Wasser kochen)

115 g Weißkohl, sehr fein gehobelt

55 g Zuckererbsen, in feine Streifen geschnitten

1 Omelett, in feine Streifen geschnitten

1 TL Salz

1 TL helle Sojasauce

1 TL Shaoxing-Reiswein

1 Prise weißer Pfeffer

20 Pfannkuchen (siehe Seite 31)

asiatische scharfe Chilisauce, zum Servieren

Diese Spezialität können Sie fertig gerollt servieren, oder aber jeder Gast bereitet seine Täschchen am Tisch selbst zu – mit so viel scharfer Chilisauce, wie er mag.

1 Den Tofu in dünne Scheiben schneiden und in 1 Esslöffel Öl goldbraun braten. In dünne Stifte schneiden und beiseite stellen.

2 Das restliche Öl im vorgeheizten Wok oder in einer tiefen Pfanne erhitzen und den Knoblauch darin schwenken, bis er zu duften beginnt. Das Hackfleisch etwa 1 Minute anbraten. Garnelen zugeben und 1 weitere Minute unter Rühren braten. Nacheinander Karotte, Bambussprossen, Kohl, Zuckererbsen, Tofu und die Omelettstreifen gründlich unterrühren. Mit Salz, Sojasauce, Reiswein und Pfeffer abschmecken und 1 weitere Minute unter Rühren braten. Anschließend in eine Servierschüssel füllen.

3 Die Pfannkuchen mit etwas Chilisauce bestreichen und auf jeden 1 gehäuften Teelöffel Füllung geben. Den unteren Teigrand einmal um die Füllung schlagen, dann die beiden Seiten einschlagen und fest aufrollen.

**Tipp*

Tofu lässt sich gut gekühlt leichter schneiden.

Garnelentoasts

Ha Do Si

Dieser kantonesische Snack ist ideal für ein Partybüffet.

ERGIBT 16 STÜCK

100 g rohe Garnelen, ausgelöst

2 Eiweiß

2 EL Speisestärke

1/2 TL Zucker

1 Prise Salz

2 EL frisch gehackte Korianderblätter

2 Scheiben Weißbrot vom Vortag

Pflanzenöl oder Erdnussöl, zum Frittieren

1 Die Garnelen im Mörser oder mit der flachen Klinge eines großen Messers zerdrücken.

2 Garnelen, 1 Eiweiß und 1 Esslöffel Speisestärke vermengen. Zucker, Salz und Koriander unterrühren. Das zweite Eiweiß mit der restlichen Speisestärke verrühren.

3 Die Brotscheiben von den Rinden befreien und jede Scheibe in 8 Dreiecke schneiden. Eine Seite erst mit der Eiweiß-Speisestärke-Mischung bestreichen, dann gleichmäßig mit einer teelöffelgroßen Portion Garnelenmasse.

4 Öl im Wok, in der Fritteuse oder einem schweren Topf auf 180–190 °C erhitzen; ein Brotwürfel sollte darin in 30 Sekunden goldbraun frittiert sein. Die Garnelentoasts portionsweise mit der bestrichenen Seite nach oben etwa 2 Minuten frittieren. Dann wenden und weitere 2 Minuten goldgelb frittieren. Abtropfen lassen und warm servieren.

Zwiebelküchlein

Chung Yau Beng

Diesen köstlichen Imbiss kann man überall in den Garküchen Nordchinas dampfend heiß erhalten.

ERGIBT 12 STÜCK

450 g Mehl

1 TL Salz

300 ml kochendes Wasser

1 EL kaltes Wasser

55 g Schmalz

140 g Frühlingszwiebeln, grob gehackt

1 TL Meersalz

Pflanzenöl oder Erdnussöl, zum Braten

1 Mehl und Salz in eine Schüssel sieben. Das kochende Wasser gut unterrühren, dann das kalte Wasser einarbeiten. Ist der Teig ausreichend abgekühlt, auf einer Arbeitsfläche fest und geschmeidig kneten. In eine Schüssel geben, mit einem feuchten Tuch abdecken und mindestens 20 Minuten ruhen lassen.

2 Den Teig auf einer leicht bemehlten Arbeitsfläche einige Minuten durchkneten. In 12 Portionen teilen und jede mit einem leicht bemehlten Teigroller zu einem dünnen Kreis ausrollen. Mit Schmalz bestreichen und die Frühlingszwiebeln darauf verteilen. Mit Salz bestreuen und wieder zu Kugeln formen. Erneut zu 10 cm großen Kreisen ausrollen.

3 In einer beschichteten Pfanne 1 Teelöffel Öl erhitzen und die Küchlein nacheinander 3 Minuten von jeder Seite braten, dabei leicht mit einem Pfannenwender in die Pfanne drücken, damit die Oberfläche glatt wird, und die Pfanne gelegentlich rütteln. Sofort servieren.

Zwiebelpfannkuchen

Heung Chung Bok Beng

Die vielen Varianten dieses Pfannkuchens unterscheiden sich in Zusammensetzung und Größe. In diesem Rezept ist er besonders weich und schmelzend, fast wie ein französischer Crêpe.

ERGIBT ETWA 16 STÜCK

4 EL Öl

4 EL fein gehackte Frühlingszwiebeln

2 Eier

2 Eigelb

200 g Mehl

1 TL Salz

400 ml Milch

200 ml Wasser

1 In einer Pfanne 1 Esslöffel Öl erhitzen und die Frühlingszwiebeln darin leicht andünsten, bis sie weich werden. Vom Herd nehmen und beiseite stellen.

2 Eier und Eigelb leicht verquirlen. Mehl und Salz in eine große Schüssel sieben und die Eier unterrühren.

3 Langsam Milch und Wasser unterrühren und alles zu einem glatten Teig verarbeiten. Das restliche Öl einarbeiten und den Teig noch einige Minuten rühren. Dann die Frühlingszwiebeln unterrühren.

4 Jeweils einen Esslöffel Teig in eine heiße beschichtete Pfanne gießen und braten, bis die Masse gestockt, aber noch nicht gebräunt ist. Jeden Pfannkuchen locker aufrollen und in 3 Stücke schneiden.*

*Tipp

Diese Pfannkuchen können als kleiner Imbiss, für sich oder zusammen mit anderen Gerichten, serviert werden. Man kann in sie aber auch knusprig gebratenes Fleisch oder knackiges Gemüse einrollen.

Ein Detail der Fenster des Teehauses im Yu-Garten von Shanghai

Jiaozi
Gaau Ji

Diese halbmondförmigen Teigtaschen sind vor allem in Zentral- und Nordchina überaus beliebt. Im Lauf der Zeit wandelten sie sich vom schlichten Snack zu einer wahren Spezialität. Sie sind verwandt mit den bekannteren Wantans.

ERGIBT 50 STÜCK
450 g Schweinehack
1 EL helle Sojasauce
1 1/2 TL Salz
1 TL Shaoxing-Reiswein
1/2 TL Sesamöl
100 g Weißkohl, sehr fein gehobelt
2 TL frisch gehackter Ingwer
2 TL fein gehackte Frühlingszwiebeln
1/2 TL weißer Pfeffer
50 runde Wantan-Teigblätter (etwa 7 cm Durchmesser)
Jiaozi-Sauce (siehe Seite 29)

1 Für die Füllung Hackfleisch, Sojasauce und 1/2 Teelöffel Salz vermengen, dabei nur in einer Richtung rühren, bis eine dicke Paste entsteht. Ebenso Reiswein und Sesamöl unterrühren. Abdecken und mindestens 20 Minuten ruhen lassen.

2 Den Kohl mit dem restlichen Salz bestreuen und mit Ingwer, Frühlingszwiebeln und Pfeffer mindestens 5 Minuten von Hand zu einer dicken Masse verkneten. Mit der Hackfleischmasse vermengen.

3 Jeweils etwa 1 Esslöffel Füllung in die Mitte jedes Teigblatts geben. Die Ränder mit etwas Wasser befeuchten, an den Rändern wellenförmig zusammendrücken. Die so vorbereiteten Jiaozi auf ein leicht bemehltes Küchenbrett geben.

4 In einem großen Topf 1 Liter Wasser sprudelnd aufkochen. Jeweils 25 Jiaozi hineingeben und sofort umrühren, damit sie nicht zusammenkleben. Abgedeckt zum Kochen bringen und die Jiaozi 2 Minuten garen. 200 ml kaltes Wasser zugießen und ohne Deckel erneut aufkochen. Dann wieder abdecken und die Jiaozi weitere 2 Minuten garen. Mit einem Schaumlöffel aus dem Wasser heben und warm halten, bis alle fertig sind.

5 Die Jiaozi-Sauce in kleine Schälchen füllen und als Dip reichen.*

**Tipp*
Da die Zubereitung von Jiaozi recht aufwändig ist, stellt man sie möglichst in großen Mengen her. Die Zutatenmengen in unserem Rezept halten die Zubereitungszeit in Grenzen. Man kann den Teig auch selbst herstellen, einfacher ist es jedoch, fertige Wantan-Blätter zu verwenden. Übrig gebliebene Jiaozi schmecken auch angebraten gut.

Wantans mit scharfer Sauce

Choi Yuk Wun Tun

Diese scharfe kalte Sauce ist zwar alles andere als leichte Kost, passt aber perfekt zu den schlichten Wantans.

ERGIBT 20 STÜCK

Wantans

1 TL Pflanzenöl oder Erdnussöl
200 g Schweinehack
1 TL Salz
1/2 TL weißer Pfeffer
20 quadratische Wantan-Teigblätter

Sauce

100 ml Pflanzenöl oder Erdnussöl
1 EL getrocknete Chiliflocken
1 TL Sesamöl
1 TL Zucker
1 EL helle Sojasauce
1/2 TL weißer Pfeffer
1 TL Salz
1 Knoblauchzehe, fein gehackt

1 Für die Wantan-Füllung das Öl in einer Pfanne erhitzen und das Hackfleisch mit Salz und Pfeffer 3–4 Minuten darin anbraten, dabei ständig rühren und Fleischklumpen zerdrücken.

2 Für die Sauce das Öl im Wok oder in einem Topf erhitzen, bis es raucht. Die Chiliflocken zugeben und erkalten lassen. Dann die anderen Zutaten unterrühren.

3 Für die Wantans je ein Teigblatt auf die flache Hand legen und eine knapp teelöffelgroße Portion Füllung in die Mitte geben. Die Teigränder mit Wasser befeuchten und jedes Blatt zu einem Dreieck falten. Die breite Spitze sollte in Richtung Handgelenk zeigen. Die beiden anderen Enden mit etwas Wasser befeuchten, zu einem Ring schließen und zusammendrücken. Die Spitze des Dreiecks nach außen umschlagen.

4 Wasser in einem großen Topf zum Kochen bringen und die Wantans darin 5 Minuten garen.

5 Pro Person etwa 4–5 Wantans auf einem kleinen Teller anrichten und großzügig mit der Sauce übergießen.

Folgende Doppelseite *Im Norden der Volksrepublik erstreckt sich über viele hunderte Kilometer die Chinesische Mauer.*

Hähnchen mit Sojasauce

Si Yau Gai Yik

Von diesem Gericht ist jeder begeistert. Es ist leicht zuzubereiten und schmeckt einfach köstlich. Falls Sie tiefgefrorene Hähnchenflügel verwenden, sollten Sie sie vorher auftauen.

FÜR 3–4 PERSONEN

250 g Hähnchenflügel

225 ml Wasser

1 EL in Ringe geschnittene Frühlingszwiebeln

2,5-cm-Stück frischer Ingwer, in 4 Scheiben geschnitten

2 EL helle Sojasauce

$^1/_2$ TL dunkle Sojasauce

1 Sternanis

1 TL Zucker

1 Die Hähnchenflügel abspülen und trockentupfen. Das Wasser in einem kleinen Topf zum Kochen bringen. Hähnchenflügel, Frühlingszwiebeln und Ingwer zugeben und erneut zum Kochen bringen.

2 Die restlichen Zutaten zufügen und alles abgedeckt 30 Minuten köcheln lassen.

3 Die Hähnchenflügel aus dem Sud heben, abtropfen lassen und heiß servieren.

Weißfischchen mit grüner Chili

Laat Mei Baat Faan Yu

Der in China traditionell für dieses Szechuan-Gericht verwendete Fisch gehört zur selben Familie wie das Weißfischchen.

FÜR 4 PERSONEN
175 g Weißfischchen*

Sauce
1 EL Pflanzenöl oder Erdnussöl
1 große frische grüne Chili
2 Tropfen Sesamöl
1 EL helle Sojasauce
1 Prise Salz
1 Prise Zucker
1 Knoblauchzehe, fein gehackt

1 Die Fische in einem großen Topf mit kochendem Wasser höchstens 2 Minuten garen – sie sollen weich sein, aber nicht zerfallen. Abgießen und abkühlen lassen.

2 Für die Sauce das Öl in einem kleinen Topf erhitzen, bis es raucht. Die Chili darin braten, bis die Haut Blasen wirft. Die Haut abziehen und das Chilifleisch fein hacken. Wenn es abgekühlt ist, mit den anderen Zutaten verrühren.

3 Die Sauce über die Weißfischchen gießen und den Snack sofort servieren.

Tipp
Die Fischchen neigen dazu, aneinander zu haften und nach dem Kochen zu zerfallen. Behandeln Sie sie darum behutsam.

Eingelegte Eier
Cha Yip Daan

Eingelegte Eier sind ein typisches Straßen-Essen. Die Verkäufer halten sie meist lange in heißem Wasser warm, sodass das Eigelb eine gräuliche Farbe annimmt. Bei diesem Rezept bleibt es gelb, während das Eiweiß wunderschön marmoriert wird.

FÜR 6 PERSONEN
6 Eier*
500 ml Wasser
2 EL schwarzer Tee

1 Die Eier hart kochen. Aus dem Wasser nehmen und die Schale rundum mit einem Löffelrücken leicht einklopfen.

2 Das Wasser erneut zum Kochen bringen und den Tee darin 5 Minuten köcheln lassen. Den Herd ausschalten. Die Eier in den Topf geben und im Tee ziehen lassen, bis er abgekühlt ist.

3 Die Eier zum Frühstück oder als Beilage zu einem warmen Essen reichen. Traditionell werden sie ungeschält serviert.

**Tipp*
Für ein Partybüffet 12 Wachteleier auf diese Weise zubereiten.

Eingelegte Gurken

Leung Bun Siu Wong Gwa

Die Chinesischen Gurken sind schlank und nicht länger als etwa 18 cm. Sie sind in asiatischen Lebensmittelläden erhältlich. Aber auch Baby-Gurken aus dem Nahen Osten eignen sich gut zum Einlegen.

FÜR 4 PERSONEN

1 EL Pflanzenöl oder Erdnussöl

400 g Chinesische oder Baby-Gurken

500 ml weißer Reisessig

1 EL Salz

3 EL Zucker

3 frische rote Vogelaugen-Chillies, entkernt und fein gehackt

1 Das Öl im Wok oder in einer tiefen Pfanne erhitzen und die Gurken darin 3–5 Minuten anbraten, bis sie glänzen. Abtropfen lassen und beiseite stellen. Die abgekühlten Gurken rundum mehrmals einstechen. In eine Auflaufform legen.

2 Essig, Salz, Zucker und Chillies verrühren und über die Gurken gießen. Diese sollten ganz von der Marinade bedeckt sein. 24 Stunden ziehen lassen. In Stücke geschnitten servieren.*

**Tipp*

Die Gurken halten sich im Kühlschrank bis zu 1 Monat.

Marinierte Sojabohnen
Leung Bun Wong Dau

Die Sojabohnen werden hier in den Hülsen mariniert. Man entfernt sie erst bei Tisch vor dem Verzehr der Kerne. Shanghai Superior Pickle Sauce wird aus dem Bodensatz von chinesischem Reiswein hergestellt.

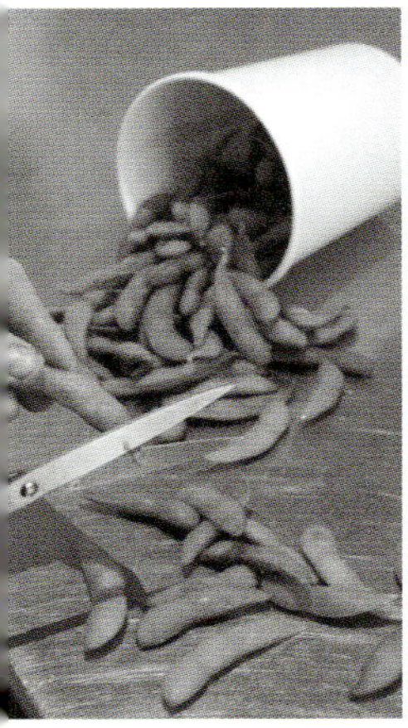

FÜR 10–12 PERSONEN

225 g frische Sojabohnen, gewaschen

300 ml Shanghai Superior Pickle Sauce oder Shaoxing-Reiswein

200 ml kaltes Wasser

3–4 EL Zucker

1 Salzwasser zum Kochen bringen und die Bohnen darin etwa 15 Minuten abgedeckt kochen. Sie sollten weich sein, aber nicht aufplatzen. Abgießen und abkühlen lassen.

2 In eine große Schüssel geben und mit den anderen Zutaten gründlich vermengen. 24 Stunden marinieren und dann kalt servieren.*

**Tipp*

Die Bohnen halten sich im Kühlschrank bis zu 1 Woche.

Suppe mit Tofu und Bohnensprossen

Nga Choi Dau Fu Tong

Eine leckere und nahrhafte Familienmahlzeit.

FÜR 4–6 PERSONEN

280 g Spareribs, in kleine Stücke zerteilt

1,2 l Wasser

2 Tomaten, entkernt und grob gehackt

3 dünne Scheiben frische Ingwerwurzel

140 g Bohnensprossen

2 TL Salz

200 g weicher Tofu, in 2,5 cm große Würfel geschnitten

1 Wasser in einem Topf zum Kochen bringen und die Spareribs darin 30 Sekunden blanchieren. Herausnehmen, abtropfen lassen und beiseite stellen.

2 Das abgemessene Wasser zum Kochen bringen. Spareribs, Tomaten und Ingwer 10 Minuten darin kochen. Die Tomatenschalen abschöpfen. Bohnensprossen und Salz zufügen und alles abgedeckt 1 Stunde köcheln lassen. Dann die Tofuwürfel zugeben und weitere 2 Minuten mitköcheln lassen. Heiß servieren.

Congee mit Fisch
Yu Pin Juk

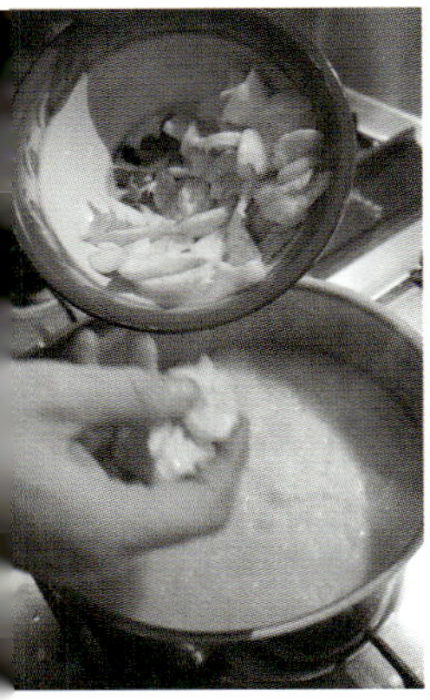

Ein typisch chinesisches Frühstücksgericht, das man in kleinen Straßencafés verkauft. Dieses Congee lässt sich gut als leichtes Mittagessen servieren.

FÜR 6–8 PERSONEN

225 g Rundkornreis

3 l Wasser

225 g festes weißes Fischfilet, zerpflückt

2 TL Salz

1/2 TL weißer Pfeffer

175 g grüner Salat, in sehr feine Streifen geschnitten

2 EL fein gehackte Frühlingszwiebeln

2 EL fein gehackter frischer Ingwer

3 EL helle Sojasauce, zum Servieren

1 Den Reis abspülen, mit dem Wasser in einen großen Topf geben und abgedeckt etwa 2 Stunden unter regelmäßigem Rühren köcheln lassen.

2 Anschließend Fisch, Salz und Pfeffer unterrühren. Erneut zum Kochen bringen und einige Minuten köcheln lassen.

3 Salat, Frühlingszwiebeln und Ingwer auf mehrere Schalen verteilen und das Congee darauf geben. Mit 1–2 Teelöffel Sojasauce beträufeln.

Hongkong – nachts nicht weniger lebendig als am Tag

Scharf-saure Suppe

Syun Laat Tong

Dieses Gericht ist weder besonders scharf noch wirklich sauer, sondern eine äußerst schmackhafte, typisch chinesische Suppe, die fast jedes chinesische Restaurant in einer eigenen Variante anbietet.

FÜR 4–5 PERSONEN

3 getrocknete chinesische Pilze, 20 Min. in heißem Wasser eingeweicht

115 g Schweinefilet

55 g Bambussprossen, frisch oder aus der Dose, abgespült (frische Sprossen 30 Min. in Wasser kochen)

225 g fester Tofu

850 ml Hühnerbrühe (siehe Seite 31)

1 EL Shaoxing-Reiswein

1 EL helle Sojasauce

1 1/2 EL Reisweinessig

1 TL weißer Pfeffer*

1 TL Salz

1 Ei, leicht verquirlt

1 Die Pilze gut ausdrücken, die harten Stiele entfernen und die Kappen in feine Streifen schneiden. Schweinefilet, Bambussprossen und Tofu in feine Scheiben bzw. Würfel schneiden.

2 Die Brühe zum Kochen bringen. Das Fleisch zugeben und bei starker Hitze 2 Minuten kochen. Pilze und Bambussprossen zufügen und 2 Minuten mitkochen. Reiswein, Sojasauce, Reisweinessig, Pfeffer und Salz zugeben. Erneut aufkochen und abgedeckt 5 Minuten köcheln lassen. Den Tofu zufügen und ohne Deckel 2 Minuten köcheln lassen.

3 Das Ei zügig unter die Suppe rühren. Sofort servieren.

**Tipp*

Der großzügigen Zugabe von Pfeffer verdankt die Suppe ihre angenehme Schärfe.

Maissuppe mit Krebsfleisch
Hai Yung Suk Mai Gang

Obschon ursprünglich nicht aus China stammend, gehört diese Suppe heute zu den beliebtesten Gerichten in chinesischen Schnellrestaurants.

FÜR 4 PERSONEN

115 g Krebsfleisch, frisch oder tiefgekühlt

600 ml Wasser

425 g Mais aus der Dose, abgegossen

6 EL Schlagsahne

1/2 TL Salz

1 Prise Pfeffer

2 TL Speisestärke, aufgelöst in 2 EL Wasser (nach Belieben)*

1 Ei, verquirlt

1 Tiefgekühltes Krebsfleisch 30 Sekunden in kochendem Wasser blanchieren. Mit einem Schaumlöffel herausnehmen und beiseite stellen. Den Mais mit der Sahne in einer Schüssel zu einem groben Püree zerstampfen. Falls nötig, etwas mehr Sahne zugeben.

2 Wasser, Krebsfleisch und Maispüree in einem großen Topf zum Kochen bringen und 2 Minuten köcheln lassen. Mit Salz und Pfeffer abschmecken. Nun die Speisestärke, falls verwendet, einrühren. Unter Rühren weiter köcheln lassen, bis die Suppe eindickt. Das Ei zügig unterheben. Sofort servieren.

**Tipp*

In Restaurants wird die Suppe häufig mit Speisestärke angedickt. In der Regel reicht aber das sahnige Maispüree, um sie zu binden.

Szechuan-Kürbissuppe

Chyun Mei Naam Gwa Tong

Diese kräftige Suppe stammt aus der Szechuan-Küche und beweist, dass nicht alle Gerichte aus dieser Region außerordentlich scharf sein müssen.

FÜR 4–6 PERSONEN

1 l Hühnerbrühe (siehe Seite 31)

450 g Kürbis, geschält und sehr klein gewürfelt

1 EL gehacktes eingelegtes Gemüse (in asiatischen Lebensmittelgeschäften erhältlich)

1 TL weißer Pfeffer

115 g chinesisches Blattgemüse, in feine Streifen geschnitten

1 TL Salz (nach Belieben)

1 Die Brühe zum Kochen bringen, den Kürbis zugeben und 4–5 Minuten köcheln lassen.

2 Zunächst Gemüse und Pfeffer, dann das Blattgemüse unterrühren. Nach Wunsch mit Salz abschmecken. Eine Minute köcheln lassen und sofort servieren.

Hackfleischsuppe mit Koriander

Ngau Sung Yin Sai Tong

Das kräftige und würzige Aroma von Koriander, der in vielen chinesischen Gerichten wenigstens als Garnierung vorkommt, dominiert dieses Gericht.

FÜR 4–6 PERSONEN

Marinade

1 TL Salz

1 TL Zucker

1 TL Shaoxing-Reiswein

1 TL helle Sojasauce

225 g Rinderhack

1,5 l Hühnerbrühe (siehe Seite 31)

3 Eiweiß, leicht verquirlt

1 TL Salz

1/2 TL weißer Pfeffer

1 EL fein gehackter frischer Ingwer

1 EL fein gehackte Frühlingszwiebeln

4–5 EL fein gehackter frischer Koriander, harte Stängel entfernen

1 Für die Marinade alle Zutaten verrühren. Das Hackfleisch untermengen und 20 Minuten ziehen lassen.

2 Die Brühe zum Kochen bringen. Das Hackfleisch samt Marinade zugeben, und unter Rühren die Klumpen zerdrücken. 10 Minuten köcheln lassen.

3 Das Eiweiß langsam unter schnellem Rühren zugießen, damit keine Klumpen entstehen. Mit Salz und Pfeffer abschmecken.

4 Ingwer, Frühlingszwiebeln und Koriander auf Suppenschalen verteilen und mit der Suppe übergießen.

Die Chinesen lieben Teiche und gestalten sie gern nach strengen formalen Kriterien.

Tomatensuppe mit Muscheln
Yui Chyu Faan Ke Tong

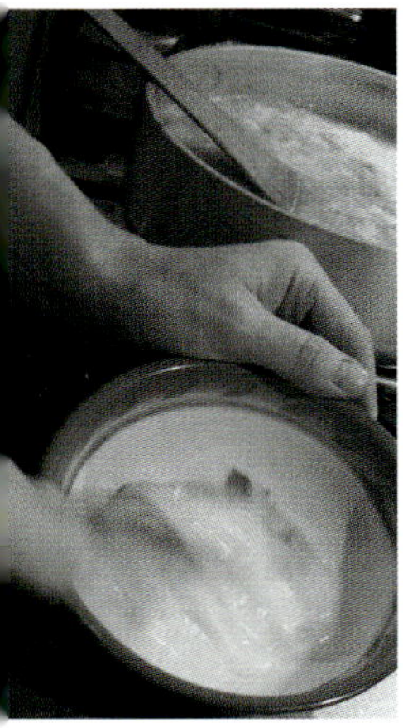

Die relativ teuren getrockneten Muscheln werden in China vor allem für festliche Gerichte verwendet.

FÜR 4–6 PERSONEN

280 g Schweineknochen

1 l Wasser

2 Tomaten, entkernt und grob gehackt

1 große Kartoffel, grob gewürfelt

1–2 getrocknete Jakobsmuscheln, 20 Min. in warmem Wasser eingeweicht* und klein geschnitten

1 TL Salz

1 Ei, leicht verquirlt

1 Wasser in einem großen Topf zum Kochen bringen und die Schweineknochen darin 1 Minute blanchieren. Anschließend herausnehmen, abtropfen lassen und beiseite stellen.

2 Das abgemessene Wasser zum Kochen bringen. Knochen, Tomaten, Kartoffel und Muscheln zufügen und abgedeckt 1 Stunde köcheln lassen.

3 Das Salz zugeben, dann zügig das Ei in die Suppe rühren.

**Tipp*

Getrocknete Muscheln haben ein recht intensives Aroma. Falls Sie noch keine Erfahrung damit haben, dosieren Sie sie zunächst zurückhaltend.

Hühnersuppe
Wun Teui Ching Gai Tong

Diese unvergessliche Suppe erfüllt die ganze Küche mit einem feinen Aroma.

FÜR 6–8 PERSONEN

100 g gekochter Schinken, gewürfelt

2 getrocknete chinesische Pilze, 20 Min. in warmem Wasser eingeweicht

85 g Bambussprossen, frisch oder aus der Dose, abgespült (frische Sprossen 30 Min. in Wasser gekocht)

1 küchenfertiges Suppenhuhn

1 EL in feine Ringe geschnittene Frühlingszwiebeln

8 Scheiben frische Ingwerwurzel

225 g mageres Schweinefleisch, klein gewürfelt

2 TL Shaoxing-Reiswein

2,8 l Wasser

2 TL Salz

300 g Chinakohl, in grobe Stücke geschnitten

Sesam-Zwiebel-Sauce (siehe Seite 29)

1 Den Schinken in kochendem Wasser 30 Sekunden blanchieren. Herausnehmen, abtropfen lassen und beiseite stellen. Die Pilze gut ausdrücken, die harten Stiele entfernen und die Kappen in feine Streifen schneiden. Die Bambussprossen in kleine Würfel schneiden.

2 Das Huhn mit Frühlingszwiebeln und Ingwer füllen. Außer Kohl und Sauce alle Zutaten in einen großen Topf geben und zum Kochen bringen. Dann die Hitze reduzieren und alles 1 Stunde köcheln lassen. Den Kohl zufügen und 3 Minuten weiter köcheln lassen.

3 Das Huhn vor dem Servieren häuten. Das Fleisch ablösen und auf Suppenschalen verteilen. Diese mit der Brühe und den Einlagen auffüllen. Mit der Sauce servieren.

Wantan-Suppe
Wun Tun Tong

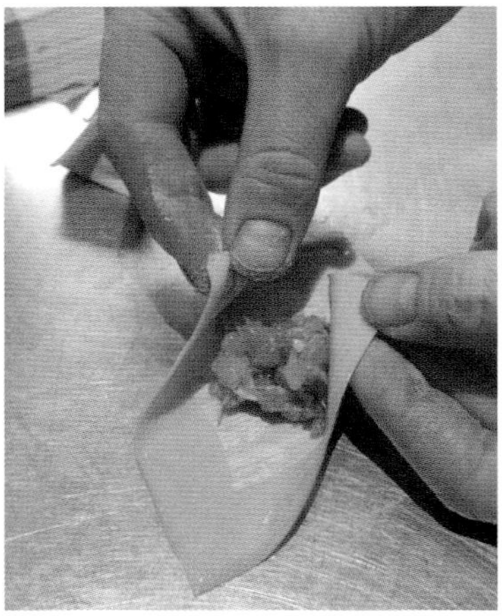

Wantans haben einen breiteren Rand als Jiaozi. Man gart sie gern in Hühnerbrühe und kann sie als Hauptgericht, aber auch als Imbiss oder Suppeneinlage servieren.

FÜR 6–8 PERSONEN

Wantans

175 g Schweinehack
225 g rohe Garnelen, ausgelöst und gehackt
1/2 TL fein gehackter frischer Ingwer
1 EL helle Sojasauce
1 EL Shaoxing-Reiswein
2 TL fein gehackte Frühlingszwiebeln
1 Prise Zucker
1 Prise weißer Pfeffer
1 Spritzer Sesamöl
30 quadratische Wantan-Teigblätter
1 Eiweiß, leicht verquirlt

Suppe

2 l Hühnerbrühe (siehe Seite 31)*
2 TL Salz
1/2 TL weißer Pfeffer
2 EL fein gehackte Frühlingszwiebeln
1 EL frisch gehackte Korianderblätter, zum Garnieren

1 Die Zutaten für die Wantan-Füllung gründlich zu einer cremigen Masse verrühren. Mindestens 20 Minuten ruhen lassen.

2 Für die Wantans jeweils eine teelöffelgroße Portion Füllung in die Mitte jedes Teigblatts setzen. Die Ränder mit etwas Eiweiß bestreichen und die gegenüberliegenden Ecken zusammendrücken, ebenso die Kanten.

3 Für die Suppe die Brühe zum Kochen bringen und mit Salz und Pfeffer würzen. Die Wantans in der Brühe etwa 5 Minuten kochen, bis sich die Teigränder wellen.

4 Die Frühlingszwiebeln auf Suppenschalen verteilen, diese mit Wantans und Brühe auffüllen. Mit dem Koriander garnieren.

**Tipp*

Da die Brühe durch keine weiteren Einlagen geschmacklich angereichert wird, sollten Sie eine gute selbst gemachte Hühnerbrühe und keine Instant-Brühe verwenden.

FISCH & MEERESFRÜCHTE

Gedämpfter Fisch auf kantonesische Art (Seite 82) gehört zum Besten, was die chinesische Küche hervorgebracht hat. Das Gericht besticht durch seine Einfachheit und profitiert von der äußerst behutsamen Garmethode sowie von einer schlichten Sauce aus Ingwer, Frühlingszwiebeln, Sojasauce und Reiswein.

Aber das wirkliche Erfolgsgeheimnis liegt in der Frische des verwendeten Fischs. Nahezu alle Fische kauft man in China lebend, und gute chinesische Restaurants haben in der Küche ihre eigenen Fischbecken. „Einen frischen Fisch erworben zu haben und ihn verderben zu lassen, ist eine schlimme Tat", notierte ein Schreiber aus der Zeit der Qing-Dynastie. Gedämpft wird Fisch immer ganz, und als delikatester Teil gilt das weiche, süßliche Fleisch der Bäckchen, das jeder Gastgeber gern einem besonderen Gast serviert. Ein Barsch, für die Kantonesen der König der Fische, krönt ein Menü oder Bankett.

Das sanfte Garen im Dampf ist die verbreitetste Zubereitungsmethode für Fisch, daneben wird er aber auch gebraten bzw. frittiert (oft in einem leichten Teigmantel) oder geschmort. Neben dem Dämpfen schätzen die Chinesen vor allem das Frittieren, weil der Fisch dabei seine Form behält.

Meeresfrüchte wie Abalonen (Meeresschnecken) mag man in China erstaunlicherweise nicht frisch und zart, sondern, und da rümpfen Nicht-Chinesen gern die Nase, gekocht und leicht zäh. Seegurken sind etwas für Kenner und in China als Delikatesse gefragt – die besten stammen aus der Provinz Shandong. Auch Austern erfreuen sich großer Beliebtheit, werden frisch aber nur in den chinesischen Küstenregionen angeboten. Getrocknete Austern kocht man und verarbeitet dann die Garflüssigkeit zu der be-

Rechts *Ein friedlicher Winkel im Yu-Garten von Shanghai*

Als kostbarste Suppenzutat gelten Haifischflossen – die entsprechende Suppe ist ein Muss für das chinesische Neujahrsfest.

kannten Austernsauce, die in der kantonesischen Küche äußerst populär ist.

Sämtliche Fischarten und Meeresfrüchte sind auch gesalzen und getrocknet erhältlich; man muss sie vor der Zubereitung in Wasser einweichen. Der Süden Chinas ist bekannt für gesalzenen Fisch; er wird oft zerpflückt unter Reisgerichte gemischt.

Als kostbarste Suppenzutat gelten allerdings, bei uns umstritten, Haifischflossen – die entsprechende Suppe ist ein Muss für das chinesische Neujahrsfest, bei festlichen Banketten oder wichtigen Geschäftsessen. Wegen des hohen Preises findet man Hummer selten, während Garnelen, Muscheln aller Art und Krebse aus der chinesischen Küche nicht wegzudenken sind. Meeresfrüchte werden wie Fisch am liebsten gedämpft, auch kurzgebraten oder frittiert, doch nur so lange, bis das Fleisch gerade gar ist.

Geschmacklich verfeinert man Meeresfrüchte auf vielerlei Weise. So werden Muscheln gern raffiniert gewürzt oder einfach nur mit Gemüse kurz gebraten.

Trotz der langen Küsten der Volksrepublik sind Süßwasserfische beliebter als Meeresfische. Das gilt auch für Schalentiere wie Garnelen oder Krebse. Süßwassertiere gelten als feiner und delikater als ihre Artgenossen aus dem Meer. Die malerische Stadt Hangzhou, unweit von Shanghai, liegt am großen Westsee – er ist berühmt für seine Fisch- und Krebsbestände. Aber auch die Seen der Provinzen Szechuan und Yunnan im Landesinneren sowie die südliche Küstenprovinz Guangdong liefern viele Delikatessen. Die Chinesen essen weit mehr Fisch als Fleisch, er stellt eine wichtige Eiweißquelle dar. Die bevorzugten Arten sind Karpfen und Brassen. Die lokalen Märkte halten aber ein riesiges Angebot an Fischen bereit, die bei uns überhaupt nicht bekannt sind.

Folgende Doppelseite *Die Terrakotta-Armee aus der Grabanlage des Kaisers Qin Shi Huangdi bei der Stadt Xi'an*

Fisch auf kantonesische Art
Ching Jing Yu

Die Kantonesen sind berühmt dafür, dass sie den besten gedämpften Fisch in ganz China zubereiten.

Fischstände in der Zentralmarkthalle von Tainan

FÜR 4–6 PERSONEN

1 ganzer Wolfsbarsch oder etwa 1,5 kg ähnlicher Fisch, ausgenommen*

1/2 TL Salz

5-cm-Stück frische Ingwerwurzel, in feine Stifte geschnitten

1 TL Shaoxing-Reiswein

1 EL in diagonale Ringe geschnittene Frühlingszwiebeln

1 EL Pflanzenöl oder Erdnussöl

1 EL helle Sojasauce

1 Den Fisch außen und innen gründlich abspülen, trockentupfen und auf beiden Seiten mehrmals diagonal tief einschneiden. Das Salz in die Fischhaut reiben und 20 Minuten ziehen lassen.

2 Den Fisch in einen ungelochten oder mit Alufolie ausgelegten gelochten Dämpfeinsatz legen. Mit Ingwer, Reiswein und der Hälfte der Frühlingszwiebeln bedecken und 8–10 Minuten dämpfen.

3 Das Öl in einem kleinen Topf erhitzen, bis es raucht, und über die restlichen Frühlingszwiebeln gießen. Den Fisch auf eine Servierplatte heben, mit der Frühlingszwiebel-Öl-Mischung sowie Sojasauce begießen und sofort servieren.

**Tipp*

In China wird Fisch meist sehr frisch und mit Kopf und Flossen serviert. Die Fischbäckchen, die als das zarteste Fleisch gelten, werden dem Ehrengast angeboten.

Frittierter Fisch mit Chilisauce

Dau Faan Yu

Die Provinz Szechuan ist von Flüssen durchzogen, und Flussfische sind hier äußerst beliebt. Dieses Gericht schmeckt auch mit einem Meeresfisch.

1 Den Fisch außen und innen gut abspülen und trockentupfen. Mehl, Salz und Wasser zu einem dünnen Teig verrühren und den Fisch damit überziehen.

2 Reichlich Öl im Wok, in der Fritteuse oder einem großen schweren Topf auf 180–190 °C erhitzen; ein Brotwürfel sollte darin in 30 Sekunden goldbraun frittiert sein. Den Fisch von jeder Seite goldbraun und knusprig ausbacken. Abtropfen lassen und warm halten.

3 Für die Sauce das Öl, bis auf 1 Esslöffel, in einem kleinen Topf erhitzen, bis es raucht, und über die Chiliflocken gießen. Beiseite stellen.

4 Das restliche Öl im vorgeheizten Wok oder in einer tiefen Pfanne erhitzen. Knoblauch und Ingwer darin schwenken, bis sie zu duften beginnen. Die Chili-Bohnen-Sauce unterrühren, dann alles mit Pfeffer, Zucker und Essig würzen. Den Herd ausschalten und die Frühlingszwiebeln unterrühren. Die Sauce über den Fisch gießen und das Gericht sofort servieren.

**Tipp*

Chili-Bohnen-Sauce ist eine scharfe Sauce aus Chillies, Bohnen, Salz, Zucker und anderen Gewürzen. Für dieses Gericht empfiehlt sich besonders die Marke Bei Yuan. Aber man kann auch eine andere verwenden.

FÜR 4–6 PERSONEN

1 ganzer Süßwasserfisch, z. B. Regenbogenforelle oder Karpfen, etwa 2 kg, ausgenommen
1 gehäufter EL Mehl
1 Prise Salz
100 ml Wasser
Pflanzenöl oder Erdnussöl, zum Frittieren

Sauce

100 ml Pflanzenöl oder Erdnussöl
1 TL getrocknete Chiliflocken
1 Knoblauchzehe, fein gehackt
1 TL fein gehackter frischer Ingwer
1 EL Chili-Bohnen-Sauce*
1/2 TL weißer Pfeffer
2 TL Zucker
1 EL weißer Reisessig
1 TL fein gehackte Frühlingszwiebeln

Fünf-Weiden-Fisch
M Lau Yu

Der Name dieses Gerichts ist angeblich von den fünf verwendeten Gemüsesorten abgeleitet, die fein wie Weidenruten geschnitten werden und für ein angenehmes süß-saures Aroma sorgen.

FÜR 4–6 PERSONEN

1 ganzer Wolfsbarsch oder ein ähnlicher Fisch, etwa 1,5 kg, ausgenommen
2 TL Salz
6 EL Pflanzenöl oder Erdnussöl
2 Scheiben frische Ingwerwurzel
2 Knoblauchzehen, in feine Scheiben geschnitten
2 Frühlingszwiebeln, grob gehackt
1 grüne Paprika, in feine Streifen geschnitten
1 rote Paprika, in feine Streifen geschnitten
1 Karotte, in feine Stifte geschnitten
55 g Bambussprossen, frisch oder aus der Dose, abgespült, in feine Stifte geschnitten (frische Sprossen 30 Min. kochen)
2 Tomaten, gehäutet, entkernt und in feine Streifen geschnitten
1 EL Shaoxing-Reiswein
2 EL weißer Reisweinessig
1 EL helle Sojasauce
1 EL Zucker

1 Den Fisch außen und innen gut abspülen und trockentupfen. Auf beiden Seiten mehrmals diagonal tief einschneiden und 1/2 Teelöffel Salz in die Haut reiben.

2 Im vorgeheizten Wok oder in einer tiefen Pfanne 4 Esslöffel Öl erhitzen und den Fisch darin von jeder Seite etwa 4 Minuten braten, bis das Fleisch weich ist. Abtropfen lassen und warm halten.

3 Das restliche Öl im vorgeheizten Wok oder in einer tiefen Pfanne erhitzen. Ingwer, Knoblauch und Frühlingszwiebeln* darin schwenken, bis sie zu duften beginnen. Gemüse und restliches Salz zugeben und alles 2–3 Minuten unter Rühren braten. Die restlichen Zutaten zufügen und weitere 2–3 Minuten pfannenrühren. Sauce und Gemüse über den Fisch geben und sofort servieren.

**Tipp*
Wenn Sie es gerne scharf mögen, braten Sie zusammen mit Ingwer, Knoblauch und Frühlingszwiebeln einige Chiliflocken an.

Fisch mit Pinienkernen

Chung Ji Yu

Dieses Rezept ist ein gutes Beispiel für den Ehrgeiz der chinesischen Küche, ein Gericht sowohl für den Gaumen als auch für die Augen verlockend zu machen.

FÜR 4–6 PERSONEN

450 g dicke Filets vom Weißfisch, in 2,5 cm große Würfel geschnitten

1/2 TL Salz

2 getrocknete chinesische Pilze, 20 Min. in warmem Wasser eingeweicht

3 EL Pflanzenöl oder Erdnussöl

2,5-cm-Stück frische Ingwerwurzel, in Stifte geschnitten

1 EL in Ringe geschnittene Frühlingszwiebeln

1 rote Paprika, in 2,5 cm große Stücke geschnitten

1 grüne Paprika, in 2,5 cm große Stücke geschnitten

25 g Bambussprossen, frisch oder aus der Dose, abgespült, in kleine Würfel geschnitten (frische Sprossen 30 Min. kochen)

2 TL Shaoxing-Reiswein

2 EL geröstete Pinienkerne

1 Die Fischstücke mit dem Salz bestreuen und 20 Minuten ziehen lassen. Die Pilze gut ausdrücken, die harten Stiele entfernen und die Kappen in feine Streifen schneiden.

2 Im vorgeheizten Wok oder in einer tiefen Pfanne 2 Esslöffel Öl erhitzen und die Fischstücke darin 3 Minuten unter Rühren braten. Abtropfen lassen und beiseite stellen.

3 Das restliche Öl im sauberen vorgeheizten Wok oder in der Pfanne erhitzen und den Ingwer darin schwenken, bis er zu duften beginnt. Frühlingszwiebeln, Paprika, Bambussprossen, Pilze und Reiswein zugeben und alles 1–2 Minuten pfannenrühren.

4 Den Fisch wieder zufügen und unter Rühren erhitzen. Mit den Pinienkernen bestreuen und sofort servieren.

Die drei Pagoden spiegeln sich im See einer typisch chinesischen Gartenanlage wider.

Chillies mit Fisch-Ingwer-Füllung

Yu Yuk Yeung Laat Jin

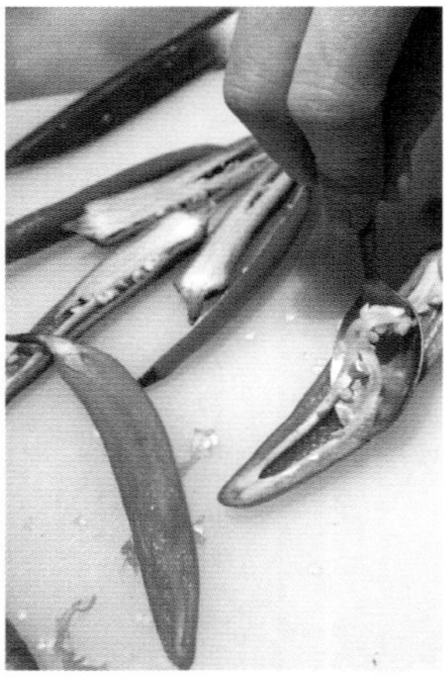
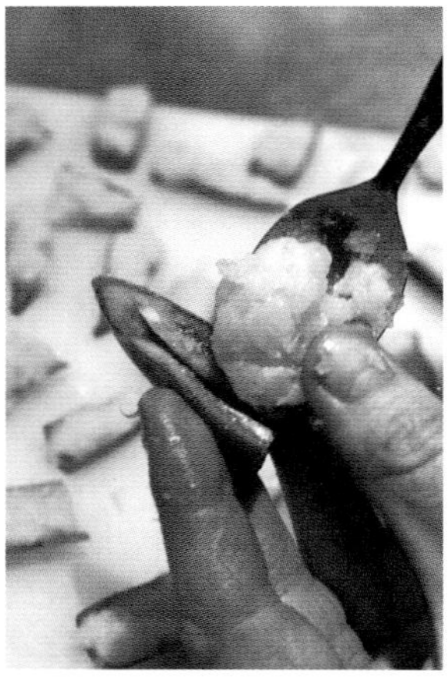

Die angenehme Schärfe der Chillies wird durch das Aroma der Fisch-Ingwer-Füllung harmonisch ergänzt.

FÜR 4–6 PERSONEN

Marinade

1 TL fein gehackter frischer Ingwer
1 Prise Salz
1 Prise weißer Pfeffer
1/2 TL Pflanzenöl oder Erdnussöl

225 g weißes Fischfilet, durch den Fleischwolf gedreht
2 EL leicht verquirltes Ei
je 4–6 milde rote und grüne Chillies*
Pflanzenöl oder Erdnussöl, zum Frittieren
2 Knoblauchzehen, fein gehackt
1/2 TL eingelegte schwarze Bohnen, abgespült und leicht zerdrückt
1 EL helle Sojasauce
1 Prise Zucker
1 EL Wasser

1 Für die Marinade alle Zutaten in einer Schüssel verrühren und den Fisch darin 20 Minuten marinieren. Das Ei zufügen und alles von Hand zu einer glatten Paste verarbeiten.

2 Die Chillies längs halbieren. Die Samen und Zwischenwände entfernen und die Chillies in mundgerechte Stücke schneiden.

3 Die Chilistücke jeweils mit etwa 1/2 Teelöffel Fischpaste füllen.

4 Reichlich Öl im vorgeheizten Wok oder in einer tiefen Pfanne erhitzen und die Chillies darin rundum goldbraun frittieren. Abtropfen lassen und beiseite stellen.

5 Im vorgeheizten Wok oder in einer tiefen Pfanne 1 Esslöffel Öl erhitzen und den Knoblauch darin schwenken, bis er zu duften beginnt. Die schwarzen Bohnen unterrühren, dann Sojasauce und Zucker zufügen. Die Chilistücke in den Wok geben und das Wasser zugießen. Abgedeckt bei kleiner Hitze 5 Minuten köcheln lassen. Sofort servieren.

**Tipp*

Statt Chillies können sie auch Bittermelone verwenden, die auch als Bittergurke oder Balsambirne bekannt ist. Sie sollte vor dem Füllen allerdings kurz blanchiert werden.

Gedämpfte Seezunge mit schwarzer Bohnensauce

Si Jap Jin Taap Sa

Selbst neutral schmeckende Fische werden dank der Zutaten zu einem wahren Geschmackserlebnis.

FÜR 3–4 PERSONEN

1 Seezunge*, ausgenommen

1/2 TL Salz

2 TL eingelegte schwarze Bohnen, abgespült und gehackt

2 TL fein gehackter Knoblauch

1 TL in Stifte geschnittener frischer Ingwer

1 EL in Streifen geschnittene Frühlingszwiebeln

1 EL helle Sojasauce

1 TL Shaoxing-Reiswein

1 TL Pflanzenöl oder Erdnussöl

1 Spritzer Sesamöl

1/2 TL Zucker

1 Prise weißer Pfeffer

1 Den Fisch auf ein großes Stück Alufolie legen, mit den anderen Zutaten bedecken und 10–12 Minuten dämpfen, bis er gar ist.

**Tipp*

Für dieses Gericht eignet sich jeder Fisch mit weißem Fleisch. Sie können auch Tiefkühlware verwenden.

Beschwipste Garnelen
Jeui Ha

Ein gängiges Gericht in chinesischen Restaurants. Beschwipst sind die Garnelen, weil sie reichlich Reiswein und Weinbrand zu sich genommen haben.

FÜR 4–6 PERSONEN

200 g rohe Garnelen, ausgelöst

100 ml Shaoxing-Reiswein

30 ml Weinbrand*

1/2 TL Salz

1 EL fein gehackte Frühlingszwiebeln

1 TL fein gehackter frischer Ingwer

Folgende Doppelseite *Riesige Reisfelder erstrecken sich in Südchina über weite Strecken.*

1 Die Garnelen in einem großen Topf mit kochendem Wasser 30 Sekunden blanchieren. Abtropfen lassen.

2 Die restlichen Zutaten verrühren und die Garnelen darin abgedeckt etwa 1 Stunde marinieren. Dann die Garnelen abgießen und kalt servieren.

**Tipp*

Greifen Sie getrost zu einem preisgünstigen Weinbrand und nicht zum edlen Tropfen aus der Hausbar.

Garnelen Fu Yung
Fu Yung Ha

Eine einsam gelegene Pagode vor den Jade-Drachen-Schneebergen in der Provinz Yunnan

In vielen Restaurants wird dieses Gericht nicht mehr serviert, weil es als zu schlicht gilt – dafür ist es ein großartiges Gericht für zu Hause.

FÜR 4–6 PERSONEN

1 EL Pflanzenöl oder Erdnussöl

115 g rohe Garnelen, ausgelöst

4 Eier, leicht verquirlt

1 TL Salz

1 Prise weißer Pfeffer

2 EL fein gehackter chinesischer Schnittlauch*

1 Das Öl im vorgeheizten Wok oder in einer tiefen Pfanne erhitzen und die Garnelen darin unter Rühren braten, bis sie rosa werden.

2 Die Eier mit Salz und Pfeffer würzen und über die Garnelen gießen. Unter Rühren 1 Minute braten, dann alles mit dem Schnittlauch bestreuen.

3 Weitere 4 Minuten pfannenrühren, bis das Rührei gar, aber noch cremig ist. Sofort servieren.

**Tipp*

Dieser Schnittlauch wird wegen seines feinen Knoblaucharomas auch Knoblauch-Schnittlauch genannt.

Gebratene Riesengarnelen in pikanter Sauce

Gon Jin Ha Luk

Riesengarnelen sind in China äußerst beliebt, aber auch sehr teuer. Sie nehmen die Aromen der Gewürze gut auf und behalten doch ihre feste Konsistenz.

FÜR 4 PERSONEN

3 EL Pflanzenöl oder Erdnussöl

450 g rohe Riesengarnelen, nicht ausgelöst, aber ohne Darmfäden

2 TL fein gehackter frischer Ingwer

1 TL fein gehackter Knoblauch

1 EL gehackte Frühlingszwiebeln

2 EL Chili-Bohnen-Sauce*

1 TL Shaoxing-Reiswein

1 TL Zucker

1/2 TL helle Sojasauce

1–2 EL Hühnerbrühe (siehe Seite 31)

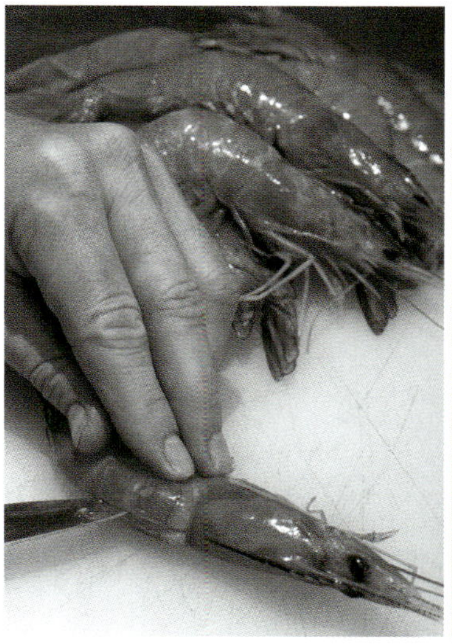

1 Das Öl im vorgeheizten Wok oder in einer tiefen Pfanne erhitzen und die Garnelen darin bei starker Hitze etwa 4 Minuten unter Rühren braten. Dann aus dem Öl an den Rand des Wok oder der Pfanne schieben. Ingwer und Knoblauch im Öl unter Rühren anbraten, bis sie zu duften beginnen. Frühlingszwiebeln und Chili-Bohnen-Sauce zugeben und die Garnelen mit der Sauce vermengen.

2 Die Hitze leicht reduzieren und Reiswein, Zucker, Sojasauce und etwas Hühnerbrühe unterrühren. Abgedeckt 1 weitere Minute garen. Sofort servieren.

**Tipp*

Je nach Vorliebe können Sie auch etwas mehr Chili-Bohnen-Sauce verwenden.

Ihre vielen Tempel, wie hier in Shanghai, sind für Chinesen feierliche Orte des Friedens.

Jakobsmuscheln mit Spargel
Lo Seun Chaau Dai Ji

Für dieses leichte Gericht eignen sich frische wie tiefgekühlte Muscheln. Bei Frischware müssen die Muschelnuss (das feste weiße Muskelfleisch) und der orangefarbene Rogen erst ausgelöst werden.

FÜR 4 PERSONEN

225 g ausgelöste Jakobsmuscheln
2 TL Salz
225 g grüner Spargel
3 EL Pflanzenöl oder Erdnussöl
4 dünne Scheiben frische Ingwerwurzel
55 g Bambussprossen, frisch oder aus der Dose, abgespült und in feine Scheiben geschnitten (frische Sprossen 30 Min. kochen)
1 kleine Karotte, in dünne Scheiben geschnitten
1 Prise weißer Pfeffer
2 EL Shaoxing-Reiswein
2 EL Hühnerbrühe (siehe Seite 31)
1 TL Sesamöl

1 Die Muschelnüsse mit 1 Teelöffel Salz bestreuen und 20 Minuten ziehen lassen.

2 Den Spargel waschen, putzen und in 5 cm lange Stücke schneiden. In kochendem Wasser 45 Sekunden blanchieren. Abtropfen lassen und beiseite stellen.

3 Im vorgeheizten Wok oder in einer tiefen Pfanne 1 Esslöffel Öl erhitzen und die Muscheln darin 30 Sekunden anbraten. Abtropfen lassen und beiseite stellen.

4 Das restliche Öl erhitzen und den Ingwer darin schwenken, bis er zu duften beginnt. Zunächst Muscheln und Gemüse, dann Pfeffer, Reiswein und Brühe zugeben. Abgedeckt 2 Minuten* garen, zuletzt das Sesamöl untermischen. Sofort servieren.

**Tipp*

Die gesamte Garzeit sollte nicht mehr als 5 Minuten betragen.

Ein Markthändler wartet auf Kundschaft für seine frisch gefangenen Meeresfrüchte.

Jakobsmuscheln in schwarzer Bohnensauce
Si Jap Chaau Dai Ji

Die sehr intensive Bohnensauce passt ausgezeichnet zu fast allen Fischarten und Meeresfrüchten.

FÜR 4 PERSONEN

2 EL Pflanzenöl oder Erdnussöl

1 TL fein gehackter Knoblauch

1 TL fein gehackter frischer Ingwer

1 EL eingelegte schwarze Bohnen, abgespült und leicht zerdrückt

400 g Jakobsmuscheln, ausgelöst*

1/2 TL helle Sojasauce

1 TL Shaoxing-Reiswein

1 TL Zucker

3–4 frische rote Vogelaugen-Chillies, fein gehackt

1–2 TL Hühnerbrühe, nach Bedarf (siehe Seite 31)

1 EL fein gehackte Frühlingszwiebeln

1 Das Öl im vorgeheizten Wok oder in einer tiefen Pfanne erhitzen. Knoblauch und Ingwer darin etwa 1 Minute schwenken, bis sie zu duften beginnen. Die schwarzen Bohnen unterrühren. Die Muscheln zugeben und 1 Minute pfannenrühren. Sojasauce, Reiswein, Zucker und Chillies unterrühren.

2 Die Hitze reduzieren und alles 2 Minuten köcheln lassen. Falls nötig, Brühe zufügen. Die Frühlingszwiebeln unterrühren und sofort servieren.

**Tipp*

Frische Muscheln sollten die erste Wahl sein, aber auch Tiefkühlware ist für dieses überaus aromatische Gericht geeignet.

Frische Krebse mit Ingwer

Geung Chung Chaau Hai

In weiten Teilen Chinas werden Schalentiere, wie die hier verwendeten Krebse, fangfrisch und noch lebendig angeboten. Man bemüht sich, auch das letzte Stückchen Fleisch aus den Schalen zu kratzen.

FÜR 4 PERSONEN

3 EL Pflanzenöl oder Erdnussöl

2 große frische Krebse*, gesäubert und in Stücke geteilt, die Scheren aufgebrochen

55 g frische Ingwerwurzel, in Stifte geschnitten

100 g Frühlingszwiebeln, in 5 cm lange Stücke geschnitten

2 EL helle Sojasauce

1 TL Zucker

1 Prise weißer Pfeffer

1 Im vorgeheizten Wok oder in einer tiefen Pfanne 2 Esslöffel Öl erhitzen und die Krebse darin 3–4 Minuten bei starker Hitze braten. Aus dem Wok nehmen und beiseite stellen.

2 Das restliche Öl im sauberen vorgeheizten Wok oder in der Pfanne erhitzen und den Ingwer darin schwenken, bis er zu duften beginnt. Die Frühlingszwiebeln unterrühren. Die Krebsteile zugeben und alles mit Sojasauce, Zucker und Pfeffer vermengen. Abgedeckt 1 Minute köcheln lassen. Sofort servieren.

**Tipp*

Dieses Gericht sollte nur mit frischen Krebsen zubereitet werden, ob nun Salz- oder Süßwasserkrebse.

Venusmuscheln in Bohnensauce

Si Jap Chaau Hin

Schon das Geräusch, das beim Pfannenrühren der Muscheln im Wok entsteht, wird Ihren Gaumen auf den kulinarischen Hochgenuss einstimmen.

FÜR 4 PERSONEN

900 g kleine ganze Venusmuscheln
1 EL Pflanzenöl oder Erdnussöl
1 TL fein gehackter frischer Ingwer
1 TL fein gehackter Knoblauch
1 EL eingelegte schwarze Bohnen, abgespült und grob gehackt
2 TL Shaoxing-Reiswein
1 EL fein gehackte Frühlingszwiebeln
1 TL Salz (nach Belieben)

1 Die Muscheln gründlich waschen und abbürsten. Bis zur weiteren Verwendung in sauberem Wasser aufbewahren. Erst dann abgießen und abtropfen lassen.

2 Das Öl im vorgeheizten Wok oder in einer tiefen Pfanne erhitzen. Ingwer und Knoblauch darin schwenken, bis sie zu duften beginnen. Die schwarzen Bohnen zugeben und 1 Minute unter Rühren braten.

3 Muscheln und Reiswein in den Wok geben und alles bei starker Hitze 2 Minuten pfannenrühren. Abgedeckt etwa 3 Minuten* garen. Frühlingszwiebeln und nach Belieben Salz untermischen. Sofort servieren.

**Tipp*

Die Muscheln sind fertig, wenn sich ihre Schalen öffnen. Geschlossene unbedingt aussortieren.

Eine Dschunke kreuzt über den Meeresarm von Victoria Harbour in Hongkong.

Gefüllte Tintenfische
Jin Yeung Cheui Tung

Gefüllte Tintenfische isst man in ganz Asien gern. Sie werden in den Straßen häufig als Imbiss angeboten.

FÜR 6–8 PERSONEN

400 g Baby-Tintenfische*

4 getrocknete chinesische Pilze, 20 Min. in warmem Wasser eingeweicht

225 g Schweinehack

4 Wasserkastanien, fein gehackt

1/2 TL Sesamöl

1 TL Salz

1/2 TL weißer Pfeffer

Zum Servieren

dunkle Sojasauce

1 frische rote Vogelaugen-Chili, gehackt (nach Belieben)

1 Köpfe und Arme der Tintenfische abschneiden. Die Tuben ausnehmen, häuten und gründlich ausspülen. Die Pilze gut ausdrücken, die harten Stiele entfernen und die Kappen fein hacken.

2 Pilze, Hackfleisch, Wasserkastanien, Sesamöl, Salz und Pfeffer sorgfältig vermengen.

3 Die Masse in die Tintenfischtuben füllen. Gut andrücken, dabei oben etwas Platz lassen, um die Tuben mit einem Zahnstocher verschließen zu können.

4 Die gefüllten Tintenfische in einem Bambus-Dämpfkorb 15 Minuten dämpfen. Dazu Sojasauce, eventuell mit Chilistückchen, zum Dippen reichen.

**Tipp*

Verwenden Sie die kleinsten Tintenfische, die Sie finden können. Sie sehen nicht nur attraktiv aus, sondern sind auch besonders zart.

GEFLÜGEL & FLEISCH

Für einen Chinesen gehören zu einem richtig guten Stück Fleisch reichlich Fett, Schwarte und Knochen. Diese drei Faktoren gelten als ausschlaggebend für den Geschmack und auch für das Aussehen und die Konsistenz einer Fleischzubereitung. Die Chinesen nagen mit Vergnügen das Fleisch von den Knochen ab, selbst von den filigranen Hühnerknochen.

Das Zerlegen von Fleisch wird in China als Kunst geachtet. Ein altes Sprichwort bringt die Fertigkeiten der Metzger auf den Punkt: „Bei einem guten Metzger hält das Messer 10 Jahre lang, weil er durch die Knochen schneidet. Bei einem besseren Metzger hält es 20 Jahre lang, weil er durch die Muskeln schneidet. Aber der beste Metzger braucht in seinem Leben nur ein einziges Messer, weil er zwischen den Muskeln schneidet."

Die Schärfe eines Messers oder Hackbeils und der Zuschnitt des Fleischs sind entscheidend für dessen Geschmack und Textur, weil sie seine Aufnahmefähigkeit für die Aromen einer Marinade und auch seine Gareigenschaften beeinflussen.

In der chinesischen Küche wird kein Fleischstück vergeudet, selbst Zunge, Ohren, Füße und Innereien verarbeitet man. Schweinsfüße kosten oft mehr als ein Stück Filet. Für viele traditionelle Gerichte verwendet man auch Blut. Zwar werden solche für uns eher exotischen Zutaten immer seltener, aber auf manchem Markt findet man durchaus noch die sonderbarsten Körperteile der merkwürdigsten Tiere, vor allem im nordöstlich von Hongkong gelegenen Kanton in der Provinz Guangdong. Besonders Männer schätzen gewisse ausgefallene Zutaten, sagt man ihnen doch eine Potenz steigernde Wirkung nach.

In China ist Schweinefleisch am beliebtesten, dicht gefolgt von Hühnerfleisch. Rind wird seltener verar-

Links *Eine Garküche in Hsinchu auf Taiwan*

Rechts *Gebratener Reis wird oft als eigenständige Mahlzeit angeboten.*

Die Ente nimmt in der chinesischen Geflügelküche nur den zweiten Rang ein – als Peking-Ente huldigt man ihr aber geradezu.

beitet, weil es weniger vielseitig ist. Da es schnell zäh wird, kommt es als Kurzgebratenes, Geschmortes oder Hackfleisch zum Einsatz und wird meist zu Nudeln serviert. Schweine- und Hühnerfleisch hingegen werden auf alle erdenkliche Arten gegart.

In diesem Kapitel finden Sie Hühnerfleisch in allen Variationen: vom Hähnchen im Salzmantel (Seite 130) bis zu den Gebratenen Hähnchenstreifen mit Sellerie (Seite 133) oder dem Hähnchen mit Maronen (Seite 123).

Die Ente nimmt in der chinesischen Küche unter den Geflügelsorten nur den zweiten Rang ein – in der Peking-Ente (Seite 165) erfährt sie aber geradezu eine Huldigung. Die weiß gefiederten Enten, mit denen traditionell Peking-Ente zubereitet wird, schätzt man sehr für ihr mageres Fleisch. Nicht minder beliebt sind Gans, Wachtel, Taube und sogar die kleinen Reisfinken aus den Reisfeldern Südchinas. Kanton ist vermutlich für seine gebratene Gans ebenso bekannt wie für seinen gedämpften Fisch, und kantonesische Restaurants machen sich mit ihr oft einen Namen.

Rinderherden sind in den grasreichen Nordprovinzen zu Hause, wo naturgemäß auch mehr Rindfleisch und Milchprodukte konsumiert werden. Lamm und Hammelfleisch findet man dort ebenfalls. Beides wird insbesondere von den Muslimen in der an Kasachstan grenzenden Provinz Xinjiang Uygur geschätzt – in der Regel grillt man es am Spieß.

Folgende Doppelseite *Ein kunstvoll kalligrafiertes Plakat auf einem Bretterzaun in Hongkong*

上午十一時至
下午四時黎浴
電話六四四七八
六三九

Hühnchen Bang Bang
Pang Pang Gai

Dieses Gericht aus Nordchina verdankt seinen Namen dem Umstand, dass man das Fleisch früher zart machte, indem man es mehrfach kräftig klopfte. Das intensive Aroma der Sauce wird durch den milden, knackigen Salat ausgeglichen.

FÜR 4 PERSONEN

350 g Hähnchenbrustfilet

einige Tropfen Sesamöl

2 EL Sesampaste

1 EL helle Sojasauce

1 EL Hühnerbrühe (siehe Seite 31)

1/2 TL Salz

1 Prise Zucker

Zum Servieren

8 EL in feine Streifen geschnittener grüner Salat

1 EL geröstete Sesamsaat

1 Das Hähnchenfleisch in einem Topf mit kaltem Wasser zum Kochen bringen. 8–10 Minuten köcheln lassen. Abtropfen und etwas abkühlen lassen. In mundgerechte Stücke schneiden oder zerpflücken.

2 Sesamöl, Sesampaste, Sojasauce, Brühe, Salz und Zucker in einer Schüssel zu einer glatten, dicken Sauce verrühren. Das Hähnchenfleisch gründlich damit vermengen.

3 Die Salatstreifen auf einem großen Servierteller anrichten. Das Fleisch mit der Sauce darauf verteilen und mit der Sesamsaat bestreuen. Zimmerwarm servieren.

Auf diesem kostbaren Dach in Chinas Hauptstadt Peking halten geschnitzte Drachen Ausschau.

Hühnchen in Guilin-Chili-Bohnen-Sauce

Gwai Lam Laat Jeung Gai

Die Gegend um Guilin ist mit ihren malerischen Kalksteinfelsen und Flusslandschaften eines der schönsten touristischen Ziele Chinas. Ihre Küche ist wenig bekannt, aber berühmt für eine einzigartige, mit gelben Bohnen hergestellte Chilipaste, die in Gerichten wie diesem verwendet wird.

FÜR 4 PERSONEN

1/2 TL Szechuan-Pfefferkörner, zerstoßen

1 EL helle Sojasauce

1 EL Shaoxing-Reiswein

1 TL Zucker

450 g Hähnchenbrust- oder -schenkelfilets, in kleine Stücke geschnitten

Pflanzenöl oder Erdnussöl, zum Frittieren

2 EL Guilin-Chili-Bohnen-Sauce*

2 EL in feine Ringe geschnittene Frühlingszwiebeln

Hühnerbrühe nach Bedarf (siehe Seite 31)

**Tipp*

Guilin-Chili-Bohnen-Sauce ist in asiatischen Lebensmittelläden erhältlich. Verwenden Sie ersatzweise eine andere Chili-Bohnen-Sauce.

1 Szechuan-Pfeffer, Sojasauce, Reiswein und Zucker verrühren und das Hähnchenfleisch darin abgedeckt mindestens 30 Minuten marinieren.

2 Öl im Wok, in der Fritteuse oder einer großen schweren Pfanne auf 180–190 °C erhitzen; ein Brotwürfel sollte darin in 30 Sekunden goldbraun frittiert sein. Die Fleischstücke 3 Minuten frittieren, bis sich die Poren geschlossen haben.

3 Etwa 1 Teelöffel Öl im sauberen vorgeheizten Wok oder in der Pfanne erhitzen. Chili-Bohnen-Sauce und Frühlingszwiebeln darin unter Rühren anbraten, bis sie zu duften beginnen.

4 Die Fleischstücke zugeben und etwa 2 Minuten pfannenrühren. Falls die Mischung zu trocken wird, etwas Hühnerbrühe zufügen. Sofort servieren.

Gedämpftes Hühnchenfleisch im Lotusmantel
Ho Yip Faan

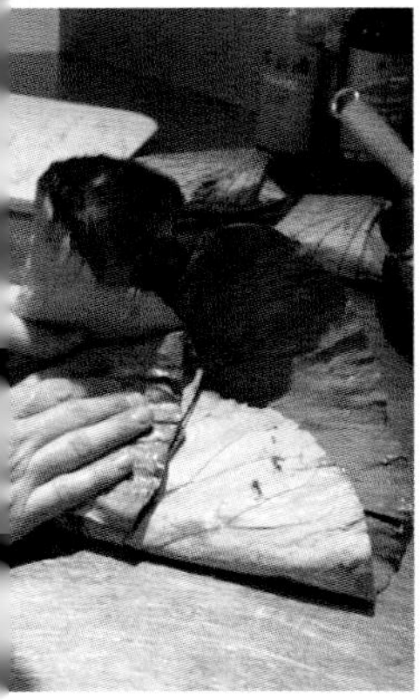

Dieses klassische kantonesische Gericht wird bei einem Dim Sum oder zum Frühstück serviert.

FÜR 4–8 PERSONEN

8 getrocknete Lotusblätter*
450 g Klebreis, mindestens 2 Std. in kaltem Wasser eingeweicht
450 ml kaltes Wasser
1 TL Salz
1 TL Pflanzenöl oder Erdnussöl

Füllung
100 g rohe kleine Garnelen, ausgelöst
5-cm-Stück frische Ingwerwurzel
200 g mageres Hühnchenfleisch, in feine Streifen geschnitten
2 TL helle Sojasauce
55 g getrocknete chinesische Pilze, 20 Min. in warmem Wasser eingeweicht
1 EL Pflanzenöl oder Erdnussöl
200 g Cha Siu (siehe Seite 148) oder Schweinerippe ohne Knochen, in feine Streifen geschnitten
1 EL Shaoxing-Reiswein
1 TL dunkle Sojasauce
1/2 TL weißer Pfeffer
1 TL Zucker

1 Die Lotusblätter 1 Stunde in heißem Wasser einweichen. Abtropfen lassen und trockentupfen.

2 Für die Füllung die Garnelen 5 Minuten dämpfen. Beiseite stellen. Den Ingwer mit einer Muskatreibe reiben, die Fasern entfernen und den Saft auffangen.

3 Das Hühnchenfleisch in Sojasauce und Ingwersaft mindestens 20 Minuten marinieren. Dann mit der Marinade einige Minuten gar dämpfen. Beiseite stellen.

4 Den Reis abgießen, mit dem abgemessenen Wasser in einen Topf geben und zum Kochen bringen. Salz und Öl zufügen und abgedeckt bei kleinster Hitze etwa 15 Minuten garen. Dann den Reis in 8 Portionen teilen und beiseite stellen.

5 Die Pilze gut ausdrücken, die harten Stiele entfernen und die Kappen in feine Streifen schneiden. Das Einweichwasser aufbewahren.

6 Das Öl im vorgeheizten Wok oder in einer tiefen Pfanne erhitzen. Cha Siu oder Schweinefleisch, Garnelen und Pilze darin einige Minuten pfannenrühren. Reiswein, dunkle Sojasauce, Pfeffer und Zucker unterrühren. Nach Bedarf Einweichwasser von den Pilzen zufügen.

7 Jeweils eine Reisportion auf die Mitte jedes Lotusblatts geben und zu einem 10 cm großen Quadrat verteilen. Mit der Schweinefleisch-Mischung und dem Hühnchenfleisch belegen. Mit einer zweiten Reisportion bedecken. Die Lotusblätter zu festen Päckchen falten. Etwa 15 Minuten dämpfen. Vor dem Servieren 5 Minuten ruhen lassen. Der Reis kann direkt aus den Lotusblättern gegessen werden.

**Tipp*
Lotusblätter geben ihr Aroma an den Reis ab. Man kann sie zur Not durch Alufolie oder einige gut abgespülte eingelegte Weinblätter ersetzen.

San Choy Bau

Saang Choi Baau

Dieses Gericht wird traditionell mit Täubchen zubereitet, die sich in Südchina und Hongkong größter Beliebtheit erfreuen. Dort sind viele Restaurants auf Taubengerichte spezialisiert. San Choy Bau ist eines der wenigen südchinesischen Gerichte mit rohem Salat.

ERGIBT 6 PORTIONEN

1 EL Pflanzenöl oder Erdnussöl

100 g Hähnchenbrustfilet, in sehr kleine Stücke geschnitten*

25 g Wasserkastanien, fein gehackt

1 TL fein gehackter chinesischer Schnittlauch

25 g Pinienkerne, leicht geröstet

1 TL Salz

$^1/_2$ TL weißer Pfeffer

6 Salatblätter, gewaschen

3 TL Pflaumensauce, zum Servieren

1 Das Öl im vorgeheizten Wok oder in einer tiefen Pfanne erhitzen und das Hähnchenfleisch darin 1 Minute unter Rühren braten. Wasserkastanien und Schnittlauch zufügen und 2 Minuten pfannenrühren. Die Pinienkerne 1 Minute mitgaren. Mit Salz und Pfeffer abschmecken.

2 Auf jedes Salatblatt einen Esslöffel Hähnchenfleisch geben und mit Pflaumensauce beträufeln. Zu kleinen Röllchen formen und servieren.

**Tipp*

In China verwendet man für dieses Gericht Hühnerhack, das bei uns aus hygienischen Gründen verboten ist.

Hühnchen mit Maronen

Leut Ji Man Gai

Hühnchenfleisch ist in China überall erhältlich. Wird das Fleisch so wie in diesem Rezept zubereitet, kommt ein wahres Festmahl dabei heraus.

FÜR 4–6 PERSONEN

450 g Maronen*

675 g Hühnchenteile mit Haut und Knochen

1 Sternanis

25 g frische Ingwerwurzel, geschält

2–3 Frühlingszwiebeln, in 5 cm lange Stücke geschnitten

250 ml Wasser

3 EL helle Sojasauce

1 EL Shaoxing-Reiswein

2 TL dunkle Sojasauce

50 g Sharkara (ayurvedischer Rohrzucker)

1 Falls Sie frische ungeschälte Maronen verwenden, diese kreuzweise einschneiden, 30 Minuten in Wasser kochen, schälen und häuten.

2 Die Hühnchenteile in kochendem Wasser 30 Sekunden blanchieren. Abtropfen lassen.

3 Alle Zutaten in eine Kasserolle geben und zum Kochen bringen. Abgedeckt 45 Minuten schmoren.

*Tipp

Dieses Gericht schätzen jene, die das Aroma von Maronen mögen, die hier dominieren. Maronen sind außerhalb der Saison in gut sortierten Supermärkten auch vakuumverpackt erhältlich – geschält und gehäutet.

Hühnchen mit Cashewkernen

Yiu Gwo Gai Ding

Dieses schlichte, aber köstliche Gericht erfüllt die wichtigsten Kriterien der chinesischen Küche: Qualität in Farbe, Aroma und Konsistenz.

1 2 Esslöffel Sojasauce, Reiswein, Zucker und Salz verrühren und das Hähnchenfleisch darin mindestens 20 Minuten marinieren.

2 Die Pilze gut ausdrücken, die harten Stiele entfernen und die Kappen in feine Streifen schneiden. Das Einweichwasser aufbewahren.

3 Im vorgeheizten Wok oder in einer tiefen Pfanne 1 Esslöffel Öl erhitzen und den Ingwer darin schwenken, bis er zu duften beginnt. Das Hähnchenfleisch zugeben und unter Rühren 2 Minuten anbräunen. Das Fleisch aus dem Wok nehmen, bevor es vollständig gegart ist, und beiseite stellen.

4 Das restliche Öl im sauberen vorgeheizten Wok oder in der Pfanne erhitzen und den Knoblauch darin schwenken, bis er zu duften beginnt. Pilze und Paprika zufügen und 1 Minute pfannenrühren. Etwa 2 Esslöffel Einweichwasser zugießen und 2 Minuten garen, bis das Wasser verdampft ist. Das Fleisch mit der restlichen Sojasauce und Cashewkernen wieder in den Wok geben und 2 Minuten unter Rühren braten, bis es gar ist.

**Tipp*

Cashewkerne kann man schnell und einfach in einer beschichteten Pfanne trocken rösten. Die Pfanne dabei regelmäßig rütteln.

FÜR 4–6 PERSONEN

3 EL helle Sojasauce

1 TL Shaoxing-Reiswein

1 Prise Zucker

1/2 TL Salz

450 g Hähnchenbrustfilets, in mundgerechte Stücke geschnitten

3 getrocknete chinesische Pilze, 20 Min. in warmem Wasser eingeweicht

2 EL Pflanzenöl oder Erdnussöl

4 Scheiben frische Ingwerwurzel

1 TL fein gehackter Knoblauch

1 rote Paprika, in 2,5 cm große Stücke geschnitten

80 g Cashewkerne, geröstet*

Gong-Bao-Hühnchen

Gung Bou Gai

Das Gericht stammt aus Szechuan und wurde nach einem Provinz-Gouverneur der Qing-Dynastie (1644–1911) benannt. Wegen seines „kaiserlichen" Namens war Gong-Bao-Hühnchen während der maoistischen Kulturrevolution verpönt. Heute stößt sich niemand mehr daran.

FÜR 4 PERSONEN

Marinade

2 TL helle Sojasauce
1 TL Shaoxing-Reiswein
1/2 TL Zucker

Sauce

1 TL helle Sojasauce
1 TL dunkle Sojasauce
1 TL schwarzer chinesischer Reisessig
einige Tropfen Sesamöl
2 EL Hühnerbrühe (siehe Seite 31)
1 TL Zucker

2 Hähnchenbrustfilets, mit oder ohne Haut, in 1 cm große Würfel geschnitten
1 EL Pflanzenöl oder Erdnussöl
10 (oder mehr) getrocknete rote Chillies, jeweils in 2–3 Stücke geschnitten
1 TL Szechuan-Pfefferkörner
3 Knoblauchzehen, in feine Scheiben geschnitten
2,5-cm-Stück frische Ingwerwurzel, in feine Scheiben geschnitten
1 EL grob gehackte Frühlingszwiebeln (nur die weißen Teile)
80 g geröstete Erdnüsse

Der prächtige Turm eines alten chinesischen Tempels vor der modernen Stadtkulisse

1 Alle Marinade-Zutaten in einer Schüssel verrühren, das Hühnchenfleisch darin wenden und abgedeckt mindestens 20 Minuten marinieren. Die Zutaten für die Sauce verrühren und beiseite stellen.

2 Das Öl im vorgeheizten Wok oder in einer tiefen Pfanne erhitzen. Chillies und Pfeffer darin schwenken, bis sie knusprig sind und zu duften beginnen. Das Hühnchenfleisch zugeben und unter Rühren anbraten, bis es nicht mehr glasig ist. Knoblauch, Ingwer und Frühlingszwiebeln zufügen. Unter Rühren etwa 5 Minuten braten, bis das Fleisch gar ist.

3 Die Sauce einrühren und die Erdnüsse unterheben. Sofort servieren.

Hainan-Hühnchen mit Reis

Hoi Maam Gai Faan

Dieses Gericht stammt aus der Inselprovinz Hainan im Südosten Chinas und gelangte mit Emigranten bis nach Singapur, wo es heute fast als einheimische Spezialität gilt.

FÜR 4–6 PERSONEN

1 küchenfertige Poularde, etwa 1,5 kg
55 g frische Ingwerwurzel, zerdrückt
2 Knoblauchzehen, zerdrückt
1 Frühlingszwiebel, zu einem Knoten geschlungen
1 TL Salz
2 EL Pflanzenöl oder Erdnussöl
Chili- oder Sojasauce, zum Servieren

Reis

2 EL Pflanzenöl oder Erdnussöl
5 Knoblauchzehen, fein gehackt
5 Schalotten, fein gehackt
350 g Langkornreis
850 ml Hühnerbrühe (siehe Seite 31)
1 TL Salz

1 Die Poularde außen und innen gut abspülen und trockentupfen. Mit Ingwer, Knoblauch, Frühlingszwiebel und Salz füllen.

2 In einem großen Topf ausreichend Wasser zum Kochen bringen. Die Poularde mit der Brustseite nach unten hineingeben; es sollte ganz von Wasser bedeckt sein. Erneut aufkochen, dann die Hitze reduzieren und 30–40 Minuten köcheln lassen. Dabei die Poularde einmal wenden.

3 Die Poularde aus der Brühe nehmen und unter fließend kaltem Wasser 2 Minuten abschrecken. Abtropfen lassen und das Öl in die Haut reiben. Beiseite stellen.

4 Für den Reis das Öl im vorgeheizten Wok oder in einer tiefen Pfanne erhitzen. Knoblauch und Schalotten darin schwenken, bis sie zu duften beginnen. Den Reis zufügen und unter schnellem Rühren 3 Minuten garen. In einen großen Topf füllen und mit Brühe und Salz zum Kochen bringen. Die Hitze reduzieren und abgedeckt 20 Minuten köcheln lassen. Bei ausgeschalteter Hitze den Reis weitere 5–10 Minuten ruhen lassen, bis er gar ist.

5 Das Poulardenfleisch in großen Stücken von den Knochen lösen und mit Reis und Chili- oder Sojasauce servieren.

Hühnchen im Salzmantel
Yip Guk Gai

Dieses Gericht ist eine Spezialität der Hakka, eines aus Nordchina stammenden Nomadenvolks, das heute im Süden der Volksrepublik angesiedelt ist.

FÜR 6–8 PERSONEN

1 küchenfertige Poularde, etwa 1,6 kg

2 kg grobes Salz

Füllung

1 Frühlingszwiebel, zu einem Knoten geschlungen

2,5-cm-Stück frische Ingwerwurzel, zerdrückt

1 Stück getrocknete Mandarinenschale

1 Die Poularde außen und innen gut abspülen und trockentupfen. Mit Frühlingszwiebel, Ingwer und Mandarinenschale füllen.

2 In einem großen Bräter das Salz etwa 5 Minuten unter gelegentlichem Rühren erhitzen. Wenn es heiß ist, eine große Mulde ausheben, die Poularde hineinlegen und so viel Salz darüber schichten, dass sie vollständig bedeckt ist. Abgedeckt bei kleiner Hitze 10 Minuten garen.

3 Den Backofen auf 200 °C vorheizen und die Poularde 45–60 Minuten backen, bis der austretende Saft klar ist.

4 Die Poularde aus dem Salzmantel befreien und unter heißem Wasser abspülen. In große Stücke zerlegen und mit Haut und Knochen servieren.

Gebratene Hühnchenstreifen mit Sellerie

Kan Choi Chaau Gai Si

Dieses Gericht ist beste kantonesische Küche. Durch das schnelle Garen im Wok bleibt das Fleisch saftig und aromatisch.

FÜR 4 PERSONEN

2 Hähnchenbrustfilets

1/2 TL Salz

1 TL helle Sojasauce

1 TL dunkle Sojasauce

1 TL Shaoxing-Reiswein

1 TL Zucker

3 EL Pflanzenöl oder Erdnussöl

1 Knoblauchzehe, in feine Scheiben geschnitten

4 dünne Scheiben frische Ingwerwurzel

3 Selleriestangen, in feine Stifte geschnitten

1 EL in feine diagonale Ringe geschnittene Frühlingszwiebeln*

1 Die Hähnchenbrustfilets in feine Streifen schneiden und mit Salz, beiden Sojasaucen, Reiswein und Zucker vermengen. Abdecken und mindestens 20 Minuten marinieren.

2 Im vorgeheizten Wok oder in einer tiefen Pfanne 2 Esslöffel Öl erhitzen und die Fleischstreifen darin unter Rühren anbraten, bis sie nicht mehr glasig sind. Abtropfen lassen und beiseite stellen.

3 Das restliche Öl im sauberen vorgeheizten Wok oder in der Pfanne erhitzen. Knoblauch und Ingwer darin schwenken, bis sie zu duften beginnen. Den Sellerie zufügen und pfannenrühren, bis er knackig gar ist. Das gebratene Fleisch und die Frühlingszwiebeln in den Wok geben und 1 Minute erhitzen. Sofort servieren.

Moderne Wolkenkratzer ragen um ein altehrwürdiges Regierungsgebäude in Hongkong auf.

**Tipp*

Bevor Sie mit dem Kochen beginnen, sollten alle Zutaten wie angegeben vorbereitet sein.

Hühnchen süß-sauer
Gu Lo Gai

FÜR 4–6 PERSONEN

Marinade

2 TL helle Sojasauce

1 TL Shaoxing-Reiswein

1 Prise weißer Pfeffer

1/2 TL Salz

1 Spritzer Sesamöl

*Sauce**

8 EL Reisessig

4 EL Zucker

2 TL helle Sojasauce

6 EL Tomatenketchup

450 g Hähnchenbrustfilets, in Würfel geschnitten

5 EL Pflanzenöl oder Erdnussöl

1/2 TL gehackter Knoblauch

1/2 fein gehackter frischer Ingwer

1 grüne Paprika, in Stücke geschnitten

1 Zwiebel, grob gehackt

1 Karotte, in dünne Scheiben geschnitten

1 TL Sesamöl

1 EL fein gehackte Frühlingszwiebeln

**Tipp*

Variieren Sie die Ketchup- bzw. Essigmenge für einen entsprechend süßeren oder säuerlicheren Geschmack.

Die Chinesen kombinieren süß-saure Saucen lieber mit Fisch als mit Fleisch – für Fleisch würden sie eine solche Sauce auch auf ganz andere Art zubereiten. Aber diese Variante ist bei uns besonders beliebt.

1 Für die Marinade alle Zutaten in einer Schüssel verrühren und das Hühnchenfleisch darin mindestens 20 Minuten marinieren.

2 Für die Sauce den Essig in einem Topf erhitzen. Zucker, Sojasauce und Ketchup zugeben und so lange rühren, bis sich der Zucker aufgelöst hat. Beiseite stellen.

3 Im vorgeheizten Wok oder in einer tiefen Pfanne 3 Esslöffel Öl erhitzen und die Hühnchenwürfel darin unter Rühren goldbraun anbraten. Aus dem Wok nehmen und beiseite stellen.

4 Das restliche Öl im sauberen vorgeheizten Wok oder in der Pfanne erhitzen. Knoblauch und Ingwer darin schwenken, bis sie zu duften beginnen. Das Gemüse zufügen und unter Rühren 2 Minuten braten. Das Hühnchenfleisch wieder in den Wok geben und 1 Minute erhitzen. Sauce und Sesamöl unterrühren. Frühlingszwiebeln zufügen und sofort servieren.

Chop Suey mit Rindfleisch

Jaap Seui Ngau Yuk

Chop Suey soll angeblich in Amerika erdacht worden sein, in einem Restaurant, in dem man in Ermangelung von Vorräten Reste verwertete. Heute ist es eines der beliebtesten Gerichte in China-Restaurants.

FÜR 4 PERSONEN

Marinade

1 EL Shaoxing-Reiswein
1 Prise weißer Pfeffer
1 Prise Salz
1 EL helle Sojasauce
1/2 Sesamöl

450 g Rumpsteak, in feine Streifen geschnitten
1 Brokkolikopf, in kleine Röschen zerteilt
2 EL Pflanzenöl oder Erdnussöl
1 Zwiebel, in feine Ringe geschnitten
2 Selleriestangen, diagonal in feine Scheiben geschnitten
225 g Zuckererbsen, halbiert
55 g Bambussprossen, frisch oder aus der Dose, abgespült und in Stifte geschnitten (frische Sprossen 30 Min. kochen)
8 Wasserkastanien, in feine Scheiben geschnitten
225 g Champignons, in feine Scheiben geschnitten
1 EL Austernsauce
1 TL Salz

**Tipp*

In Restaurants wird die Sauce meist mit Speisestärke gebunden. Bei dieser knackig frischen Version verdampft das Wasser des Gemüses im Wok.

1 Für die Marinade alle Zutaten in einer Schüssel verrühren und das Fleisch darin mindestens 20 Minuten marinieren. Den Brokkoli in einem großen Topf mit kochendem Wasser 30 Sekunden blanchieren. Abtropfen lassen und beiseite stellen.

2 Im vorgeheizten Wok oder in einer tiefen Pfanne 1 Esslöffel Öl erhitzen und die Fleischstreifen darin unter Rühren anbraten, bis sie die Farbe ändern. Herausnehmen und beiseite stellen.

3 Das restliche Öl im sauberen vorgeheizten Wok oder in der Pfanne erhitzen und die Zwiebel 1 Minute darin schwenken. Sellerie und Brokkoli zugeben und 2 Minuten pfannenrühren. Zuckererbsen, Bambussprossen, Wasserkastanien und Pilze zufügen und 1 Minute unter Rühren braten. Die Rindfleischstreifen wieder in den Wok geben. Mit Austernsauce und Salz würzen. Sofort servieren.*

Vor einer Wolkenkratzer-Kulisse liegen luxuriöse Jachten sicher vor Taifunen im Hafen von Hongkongs Causeway Bay.

Geschmortes Rindfleisch mit Sternanis

Lou Ngau Yuk

FÜR 4–6 PERSONEN

Marinade

2 EL helle Sojasauce
1 EL Hoisin-Sauce
3 EL Shaoxing-Reiswein
1 Prise Salz
1 Prise Pfeffer
2 EL weißer Reisessig
1 TL Zucker

1 kg Schmorbraten vom Rind*
1 EL Pflanzenöl oder Erdnussöl
1 Knoblauchzehe, fein gehackt
1 dünne Scheibe frische Ingwerwurzel, fein gehackt
2 Sternanis
Soja-Senf-Sauce, zum Servieren (siehe Seite 29)

In der chinesischen Küche wird Rindfleisch, gehackt oder in Streifen geschnitten, kurz gebraten oder sehr langsam geschmort. In beiden Fällen bleibt das Fleisch schön saftig.

1 Für die Marinade alle Zutaten in einer Schüssel verrühren und das Rindfleisch darin mindestens 2 Stunden marinieren, dabei gelegentlich wenden.

2 Das Öl in einer Kasserolle erhitzen. Knoblauch, Ingwer und Sternanis darin unter Rühren anbraten, bis sie zu duften beginnen. Das Fleisch aus der Marinade nehmen und bei mittlerer Hitze von beiden Seiten anbraten, sodass sich die Poren schließen. Die Marinade aufbewahren.

3 Das Fleisch mit der Marinade ablöschen und abgedeckt etwa 90 Minuten schmoren, dabei gelegentlich übergießen und 2–3-mal wenden. Auf dem Topfboden sollte immer ein wenig, aber nicht zu viel Flüssigkeit sein. Falls nötig, mit heißem Wasser aufgießen.

4 Das gare Fleisch einige Minuten ruhen lassen, dann in dünne Scheiben schneiden. Heiß oder kalt mit Soja-Senf-Sauce servieren.

**Tipp*

Traditionell wird das Fleisch für Schmorgerichte geklopft und mit einer Gabel eingestochen, damit es mürbe wird und die Marinade gut eindringen kann. Aber bei qualitativ gutem Fleisch ist dies nicht nötig.

Tofu mit Hackfleisch

Ma Po Dau Fu

1 Den Tofu in 2 cm große Würfel schneiden und in einen großen Topf geben. Mit kochendem Wasser bedecken und ruhen lassen.

2 Das Öl im vorgeheizten Wok erhitzen, bis es zu rauchen beginnt. Die Pfefferkörner darin schwenken, bis sie duften. Das Hackfleisch untermengen und pfannenrühren, bis es gut gebräunt und kross ist.

3 Die Hitze reduzieren. Chili-Bohnen-Sauce und schwarze Bohnen zufügen und etwa 30 Sekunden pfannenrühren, bis sich das Öl rot gefärbt hat.

4 Hühnerbrühe und die abgetropften Tofuwürfel unterrühren. Mit Zucker, Sojasauce und Salz würzen. Etwa 5 Minuten köcheln lassen.

5 Die Frühlingszwiebeln unterrühren. Das Gericht in Servierschalen füllen und sofort servieren.

Dieses würzige Tofugericht stammt von einer Gastwirtin aus Chengdu, der Hauptstadt der Provinz Szechuan. Das Hackfleisch kam erst dazu, als einer ihrer Kunden, ein Gepäckträger, etwas Fleisch mitbrachte und sie bat, es mit in den Topf zu geben.

FÜR 4 PERSONEN

450 g Tofu
2 EL Pflanzenöl oder Erdnussöl
1 TL Szechuan-Pfefferkörner
100 g Rinderhack
2 EL Chili-Bohnen-Sauce
1 TL eingelegte schwarze Bohnen, abgespült und leicht zerdrückt
100 ml heiße Hühnerbrühe (siehe Seite 31)
1 Prise Zucker
1 TL helle Sojasauce
1 Prise Salz
2 EL diagonal in feine Ringe geschnittene Frühlingszwiebeln

Einer der großen Eingänge in die Verbotene Stadt in Peking

Folgende Doppelseite
Ein Blick auf das Wohnblock- und Wolkenkratzer-Meer Hongkongs

SANYO

OVERSEAS TRUST BANK

Mongolischer Feuertopf
Mung Gu Fo Wo

Der mongolische Feuertopf, in dem dieses Gericht traditionell zubereitet wird, ähnelt unserem Fondue-Topf. Er besteht aus einem Kessel, der auf einem kleinen Gestell ruht und in dem das Wasser, worin die Zutaten gegart werden, mit Holzkohle erhitzt wird. Diese Art von Gerichten sind in China sehr beliebt, vor allem in der kalten Jahreszeit. Falls Sie kein Fondue-Set haben, stellen Sie einfach einen Topf auf eine Heizplatte.

FÜR 6 PERSONEN

6 getrocknete chinesische Pilze, 20 Min. in heißem Wasser eingeweicht
600 ml Hühnerbrühe (siehe Seite 31)
450 g Rumpsteak oder Rinderfilet, in sehr feine Streifen geschnitten
450 g Hähnchenbrustfilet, in sehr feine Streifen geschnitten
225 g rohe Garnelen, ausgelöst
115 g Bambussprossen, frisch oder aus der Dose, abgespült und in Stifte geschnitten (frische Sprossen 30 Min. kochen)
115 g Zuckererbsen, geputzt
450 g Chinakohl, in Streifen geschnitten
verschiedene Saucen, zum Dippen (siehe Seite 29)
2 TL Salz
225 g Glasnudeln

1 Die Pilze gut ausdrücken, die harten Stiele entfernen und die Kappen in feine Streifen schneiden. In die Brühe geben.

2 Fleisch, Garnelen und Gemüse auf einer Servierplatte anrichten. Die Saucen in kleine Schalen füllen. Die Brühe im Fondue-Topf zum Kochen bringen und das Salz zugeben. Einige Glasnudeln und Gemüsestücke hineingeben.

3 Jede Person gart seine eigenen Fleisch- und Gemüsestücke und dippt sie nach Wunsch in eine der Saucen. Wenn die letzten Stücke verspeist sind, wird die Suppe in Schalen gefüllt und serviert.*

**Tipp*
Der Mongolische Feuertopf ist eine gesellige Angelegenheit und endet mit einer aromatischen Suppe.

Zum Abhängen an Haken befestigt, wird Fleisch auf allen chinesischen Frischmärkten feilgeboten.

Rindfleisch mit Brokkoli und Ingwer

Laan Fa Chaau Ngau Yuk

Eine schon klassische Kombination einladender Aromen und Farben.

FÜR 4–6 PERSONEN

Marinade

1 EL helle Sojasauce

1 TL Sesamöl

1 TL Shaoxing-Reiswein

1 TL Zucker

1 Prise weißer Pfeffer

350 g Rinderfiletsteak, in feine Streifen geschnitten

175 g Brokkoliröschen

2 EL Pflanzenöl oder Erdnussöl

1 Knoblauchzehe, fein gehackt

1 TL fein gehackter frischer Ingwer

1 kleine Zwiebel, in feine Streifen geschnitten

1 TL Salz

1 TL helle Sojasauce

1 Für die Marinade alle Zutaten verrühren. Das Fleisch darin abgedeckt 1 Stunde marinieren, ab und zu wenden. Den Brokkoli in kochendem Wasser 30 Sekunden blanchieren. Abtropfen lassen und beiseite stellen.

2 Im vorgeheizten Wok 1 Esslöffel Öl erhitzen. Knoblauch, Ingwer und Zwiebel darin 1 Minute pfannenrühren. Den Brokkoli zugeben und 1 Minute mitbraten. Aus dem Wok nehmen und beiseite stellen.

3 Das restliche Öl im sauberen vorgeheizten Wok erhitzen und die Fleischstreifen darin unter Rühren braten, bis sie die Farbe ändern. Gemüse mit Salz und Sojasauce in den Wok geben und unter Rühren garen, bis alle Zutaten wieder heiß sind. Sofort servieren.

Das Teehaus am kunstvoll angelegten See im Yu-Garten von Shanghai

Cha Siu
Mat Jap Cha Siu

Cha Siu ist gebratenes und mit Honig glasiertes Schweinefilet. In Streifen geschnitten hängt es in jedem kantonesischen Restaurant. Die Zubereitung zu Hause ist zeitaufwändig, aber nicht schwierig. In guten asiatischen Lebensmittelläden finden Sie eingelegten roten Tofu und jede Art von Bohnensauce, die Fundamente der asiatischen Küche.

FÜR 4–6 PERSONEN

Marinade

1 EL gelbe Bohnensauce, leicht zerdrückt

1 EL eingelegter roter Tofu

1 EL Hoisin-Sauce

1 EL Austernsauce

1 EL dunkle Sojasauce

1 EL Zucker

2 EL Shaoxing-Reiswein

1 TL Sesamöl

675 g Schweinefilet

3 EL Honig, aufgelöst in 1 EL kochendem Wasser

1 Für die Marinade alle Zutaten verrühren. Das Filet längs halbieren. Die Hälften nebeneinander in eine große Auflaufform legen und mit der Marinade begießen. Abgedeckt mindestens 2 Stunden marinieren, dabei gelegentlich übergießen.

2 Den Backofen auf 200 °C vorheizen. Die Filetstücke nebeneinander auf den Backofenrost legen. Die Marinade aufbewahren. Das Fleisch in den Backofen schieben, in die Fettpfanne des Backofens etwas kochendes Wasser gießen. Etwa 15 Minuten garen. Falls nötig, Wasser nachgießen.

3 Die Temperatur auf 180 °C reduzieren. Die Filetstreifen wenden und mit der Marinade bestreichen. Weitere 10 Minuten garen.

4 Das Fleisch aus dem Ofen nehmen und den Backofengrill vorheizen. Die Filetstreifen mit Honig bestreichen und einige Minuten grillen, dabei einmal wenden. Abkühlen lassen und nach Wunsch in Stücken, Scheiben oder klein gewürfelt verwenden.*

**Tipp*

Cha Siu wird in der Regel in Kombination mit anderen Gerichten wie gebratenem Reis oder in Füllungen verwendet.

Löwenkopf-Topf

Hung Siu Si Ji Tau

Der Name dieses Gerichts aus Shanghai folgt der chinesischen Tradition, Gerichten komplizierte oder wohlklingende Namen zu geben. Hier sollen die Hackfleischbällchen, umschlossen von Chinakohl, kleinen Löwenköpfen ähneln.

FÜR 6 PERSONEN

55 g getrocknete chinesische Pilze, 20 Min. in heißem Wasser eingeweicht
55 g rohe Garnelen, ausgelöst
450 g Schweinehack
3 TL fein gehackte Frühlingszwiebeln
2 TL fein gehackter frischer Ingwer
1 EL helle Sojasauce
1 TL Zucker
1 EL Shaoxing-Reiswein
3 EL Pflanzenöl oder Erdnussöl
450 g Chinakohlblätter, längs halbiert*
1 TL Salz
1 TL Wasser
300 ml heiße Hühnerbrühe (siehe Seite 31)

1 Die Pilze gut ausdrücken, die harten Stiele entfernen und die Kappen fein hacken. Die Garnelen 5 Minuten dämpfen.

2 Hackfleisch, Frühlingszwiebeln, Ingwer, Pilze, Sojasauce, Zucker und Reiswein vermengen und zu 6 Kugeln formen. Eine Garnele in die Mitte jeder Kugel drücken.

3 Das Öl im vorgeheizten Wok oder in einer tiefen Pfanne erhitzen. Den Kohl darin mit Salz und Wasser einige Minuten unter Rühren anbraten. Brühe und Hackfleischbällchen zugeben und alles zum Kochen bringen. Abgedeckt 30 Minuten bei kleiner Hitze köcheln lassen. Sofort servieren.

**Tipp*

Für dieses Gericht verwendet man traditionell Tientsin-Kohl.

Spareribs in süß-saurer Sauce
Tong Chou Paai Gwat

Die geniale süß-saure Sauce wird normalerweise mit Fisch serviert. Diese Variation hingegen wird mit Tomatenketchup und Ananasstückchen verfeinert und mit Schweinefleisch zubereitet.

FÜR 4 PERSONEN

Marinade

2 TL helle Sojasauce
1/2 TL Salz
1 Prise weißer Pfeffer

450 g Spareribs, in mundgerechte Stücke zerteilt (bitten Sie Ihren Metzger, das zu übernehmen)
Pflanzenöl oder Erdnussöl, zum Frittieren

Sauce

3 EL weißer Reisessig
2 EL Zucker
1 TL helle Sojasauce
1 EL Tomatenketchup
1 1/2 EL Pflanzenöl oder Erdnussöl
1 grüne Paprika, grob gehackt
1 kleine Zwiebel, grob gehackt
1 kleine Karotte, in feine Scheiben geschnitten
1/2 TL fein gehackter Knoblauch
1/2 TL fein gehackter frischer Ingwer
100 g Ananasstückchen*

1 Für die Marinade alle Zutaten in einer Schüssel verrühren, das Fleisch darin wenden und mindestens 20 Minuten marinieren.

2 Öl im Wok, in der Fritteuse oder einem schweren Topf auf 180–190 °C erhitzen; ein Brotwürfel sollte darin in 30 Sekunden goldbraun frittiert sein. Die Spareribs 8 Minuten frittieren, dann abtropfen lassen und beiseite stellen.

3 Für die Sauce zunächst Essig, Zucker, Sojasauce und Ketchup verrühren. Beiseite stellen.

4 Im vorgeheizten Wok oder in einer tiefen Pfanne 1 Esslöffel Öl erhitzen. Paprika, Zwiebel und Karotte 2 Minuten unter Rühren anbraten. Herausnehmen und beiseite stellen.

5 Das restliche Öl im sauberen vorgeheizten Wok oder in der Pfanne erhitzen. Knoblauch und Ingwer darin schwenken, bis sie zu duften beginnen. Die Sauce unterrühren und zum Kochen bringen. Die Ananasstückchen unterheben. Spareribs und Gemüse wieder in den Wok geben und rühren, bis alle Zutaten heiß sind. Sofort servieren.

**Tipp*

Man kann für dieses Gericht abgetropfte Ananasstückchen aus der Dose verwenden. Frische Ananas hat allerdings ein köstlicheres, wenn auch nicht so süßes Aroma.

Geschmorte Spareribs in Sojasauce

Hung Siu Paai Gwat

Dieses aromatische Gericht ist in China bei Alt und Jung gleichermaßen beliebt.

FÜR 4 PERSONEN

600 g Spareribs, in einzelne Rippen zerteilt
1 EL dunkle Sojasauce
1 ganze Knoblauchknolle
2 EL Pflanzenöl, Erdnussöl oder Schmalz
1 Zimtstange
2 Sternanis
3 EL helle Sojasauce
55 g Sharkara (ayurvedischer Rohrzucker)
175 ml Wasser

1 Die Spareribs mindestens 20 Minuten in der Sojasauce marinieren.

2 Die Knoblauchknolle in Zehen zerteilen. Diese aber nicht abziehen.

3 Das Öl im vorgeheizten Wok oder in einer tiefen Pfanne erhitzen und den Knoblauch darin 1 Minute unter Rühren anbraten. Zimtstange und Sternanis zugeben und 1 weitere Minute braten. Die Spareribs zufügen und braten, bis sie leicht gebräunt sind. Sojasauce, Zucker und Wasser zugeben und rühren, bis sich der Zucker aufgelöst hat. 30 Minuten unter häufigem Rühren sanft köcheln lassen. Abgedeckt weitere 60–75 Minuten schmoren, bis das Fleisch gar und die Sauce eingekocht ist.*

**Variation*

Geben Sie kurz vor Ende der Garzeit halbierte hart gekochte Eier in die Sauce.

Würziges Szechuan-Schweinefleisch

Wui Wo Yuk

Ein berühmtes Gericht aus der Provinz Szechuan – man kann dafür auch übrig gebliebenes gebratenes oder gekochtes Schweinefleisch verwenden und mit der aromatischen Gewürzmischung aufwärmen.

FÜR 4 PERSONEN

280 g Schweinebauch

1 EL Pflanzenöl oder Erdnussöl

1 EL Chili-Bohnen-Sauce

1 EL eingelegte schwarze Bohnen, abgespült und leicht zerdrückt

1 grüne Paprika, in feine Streifen geschnitten

1 rote Paprika, in feine Streifen geschnitten*

1 TL süße rote Bohnenpaste (nach Belieben)

1 TL Zucker

1 TL dunkle Sojasauce

1 Prise weißer Pfeffer

1 In einem großen Topf Wasser zum Kochen bringen, den Schweinebauch hineingeben und 20 Minuten köcheln lassen, dabei gelegentlich den Schaum abschöpfen. Das Fleisch abkühlen lassen und in feine Streifen schneiden.

2 Das Öl im vorgeheizten Wok oder in einer tiefen Pfanne erhitzen und die Fleischstreifen darin unter Rühren braten, bis sie sich zusammenziehen. Chili-Bohnen-Sauce unterrühren, anschließend die schwarzen Bohnen. Die restlichen Zutaten zugeben und unter Rühren einige Minuten erhitzen.

**Tipp*

Statt Paprika kann man auch chinesischen Lauch verwenden: Dazu zwei Stangen diagonal in Ringe schneiden.

Lamm-Kebabs
Bak Fong Yeung Yuk Chyun

Fleischspieße wie diese nach einem nordchinesischen Rezept werden traditionell über Holzkohle gegrillt und am Straßenrand verkauft.

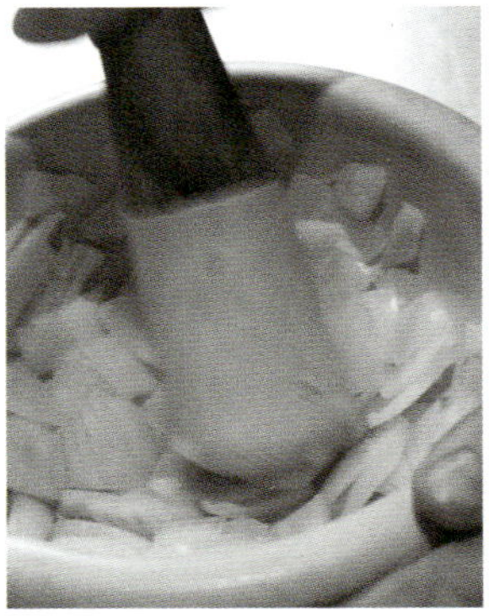

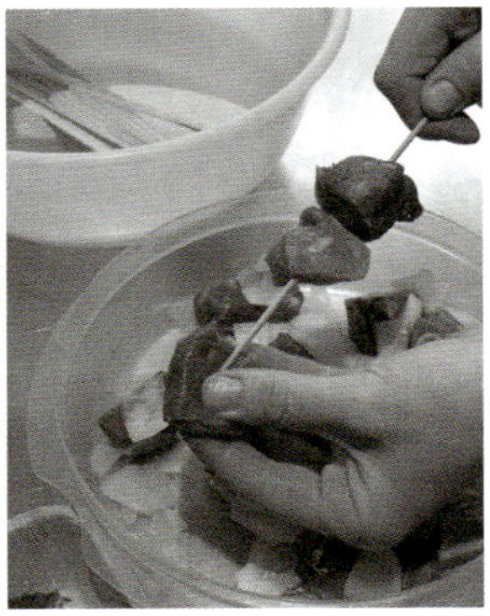

FÜR 3–4 PERSONEN

1 Zwiebel, in feine Ringe geschnitten

300 g Lamm- oder Hammelfleisch, in mundgerechte Stücke geschnitten

1 TL Salz

1 TL weißer Pfeffer

1 TL frisch gemahlene Kreuzkümmelsamen

1 Falls Sie Holzspieße verwenden, diese 45 Minuten in kaltem Wasser einweichen, damit sie beim Grillen nicht verkohlen. Die Zwiebel im Mörser zerdrücken.

2 Fleisch und Zwiebel vermengen. Abgedeckt 1–2 Stunden marinieren.

3 Das Fleisch möglichst vollständig von Zwiebelstückchen befreien, auf Spieße stecken und 12 Minuten grillen.

4 Kurz bevor das Fleisch gar ist, mit Salz, Pfeffer und Kreuzkümmel bestreuen und weitere 1–2 Minuten grillen, bis es außen kross, aber innen noch zart ist.*

**Tipp*

Gemüse wie Zwiebel, grüne oder rote Paprika kann man, in Stücke geschnitten, abwechselnd mit dem Fleisch auf die Spieße stecken.

Lammschmortopf Xinjiang 157

San Geung Yeung Naam Bou

Dieses berühmte Gericht aus der Provinz Xinjiang Uygur wird bei feierlichen Anlässen in großen Mengen serviert. Traditionell wird das Fleisch in großen Stücken gegart und das Gemüse erst später zugegeben. Unser Rezept ist für eine Familie gedacht.

FÜR 5–6 PERSONEN

1–2 EL Pflanzenöl oder Erdnussöl
400 g Lamm- oder Hammelschmorfleisch, in mundgerechte Würfel geschnitten*
1 Zwiebel, grob gehackt
1 grüne Paprika, in Stücke geschnitten
1 Karotte, in dicke Scheiben geschnitten
1 weiße Rübe, in Stücke geschnitten
2 Tomaten, in Stücke geschnitten
2,5-cm-Stück frische Ingwerwurzel, in feinen Scheiben
300 ml Wasser
1 TL Salz

1 Das Öl im vorgeheizten Wok oder in einer tiefen Pfanne erhitzen und das Fleisch darin 1–2 Minuten unter Rühren braten, bis die Poren geschlossen sind.

2 Das Fleisch in einen großen Topf geben, alle anderen Zutaten zufügen und zum Kochen bringen. Abgedeckt bei kleiner Hitze 35 Minuten schmoren.

**Tipp*
Schneiden Sie das Gemüse in ebenso große Stücke wie das Fleisch.

Xinjiang-Reistopf mit Lamm
San Geung Yeung Yuk Faan

FÜR 6–8 PERSONEN

2 EL Pflanzenöl oder Erdnussöl

300 g Lamm- oder Hammelschmorfleisch, in mundgerechte Würfel geschnitten

2 Karotten, in Scheiben geschnitten

2 Zwiebeln, grob gehackt

1 TL Salz

1 TL gemahlener Ingwer

1 TL Szechuan-Pfefferkörner, leicht geröstet und zerdrückt

450 g Rund- oder Mittelkornreis*

850 ml Wasser

Dieses bekömmliche Gericht aus der Provinz Xinjiang Uygur ist dort auch als „Polu-Reis" bekannt, eine Art „Fingerfood", denn es wird eher mit den Fingern gegessen als mit Stäbchen oder Löffel. Man serviert es bei Hochzeiten, Begräbnissen oder traditionellen Festen wie dem chinesischen Neujahrsfest.

1 Das Öl in einem großen Topf erhitzen und das Fleisch darin 1–2 Minuten unter Rühren anbraten, bis sich die Poren geschlossen haben. Karotten und Zwiebeln zugeben und pfannenrühren, bis sie weich werden. Salz, Ingwer und Pfeffer untermischen.

2 Reis und Wasser zufügen und alles zum Kochen bringen. Abgedeckt bei kleiner Hitze garen, bis der Reis sämtliches Wasser absorbiert hat. Als Hauptgericht oder Beilage servieren.

**Tipp*

Für dieses Gericht eignet sich kein Langkornreis oder Klebreis, denn die Körner sollten noch bzw. nur leicht zusammenkleben.

Die „singenden" Sanddünen der Wüste Gobi

Aromatische Ente

Heung Sou Ngaap

Nach Huhn ist Ente das beliebteste Geflügel in China. Da ihr Fleisch ein kräftigeres Aroma hat, kann es gut mit Gewürzen wie Zimt oder Nelken gekocht werden.

FÜR 6–8 PERSONEN

1 küchenfertige Ente, etwa 2 kg

1 TL Salz

8 Scheiben frische Ingwerwurzel

3 Frühlingszwiebeln

3 Gewürznelken

1 Zimtstange

3 EL Shaoxing-Reiswein

1 TL Sesamöl

1 EL helle Sojasauce

2 TL dunkle Sojasauce

25 g Sharkara (ayurvedischer Rohrzucker)

250 ml Wasser*

1 Die Ente außen und innen abspülen. Die Haut gut mit dem Salz einreiben. 15 Minuten ziehen lassen. Gründlich abspülen.

2 Die Ente mit Ingwer und Frühlingszwiebeln füllen. In einen großen Bräter legen, die anderen Zutaten zugeben und alles zum Kochen bringen. Abgedeckt 1 Stunde köcheln lassen.

3 Die Ente zerteilen und auf einem Servierteller anrichten. Das Fett von der Sauce abschöpfen, diese passieren und über die Fleischstücke gießen.

**Tipp*

Gart man die Ente in Brühe statt in Wasser, wird sie noch aromatischer.

Gebratene gefüllte Ente
Baat Bou Ngaap

Diese Spezialität aus Shanghai ist eine von vielen, die man auch „acht Schätze" nennt, in Anspielung auf die acht Hauptzutaten der Füllung.

FÜR 6–8 PERSONEN

1 küchenfertige Ente, etwa 2 kg

*Füllung**

55 g Laap Cheung (chinesische Wurst)
55 g Laap Yuk (chinesischer Speck) oder anderer geräucherter Speck
25 g getrocknete Garnelen, 20 Min. in warmem Wasser eingeweicht
2 getrocknete Jakobsmuscheln, 20 Min. in warmem Wasser eingeweicht
85 g Bambussprossen, frisch oder aus der Dose, abgespült (frische Sprossen 30 Min. kochen)
12 Ginkgonüsse, geschält und gehäutet, 10 Min. gekocht
4 Maronen, 10 Min. gekocht und gehäutet
2 TL Pflanzenöl oder Erdnussöl
55 g Lotussamen, 1 Std. in warmem Wasser eingeweicht
140 g Klebreis, mindestens 2 Std. in kaltem Wasser eingeweicht und abgegossen
1/2 TL Salz
1/2 TL Pfeffer
1/2 TL Zucker
400 ml kochendes Wasser
1 EL helle Sojasauce

1 Für die Füllung Wurst und Speck hacken. Größere Garnelen halbieren. Die Muscheln zerpflücken. Bambussprossen klein würfeln. Die Ginkgonüsse halbieren und die Maronen fein hacken.

2 Das Öl im vorgeheizten Wok oder in einer tiefen Pfanne erhitzen. Wurst und Speck darin unter Rühren auslassen. Garnelen und Muscheln unterheben. Bambussprossen, Ginkgonüsse, Maronen und Lotussamen gut unterrühren. Reis, Salz, Pfeffer, Zucker, Wasser und Sojasauce zufügen und alles zum Kochen bringen. Abgedeckt 10–15 Minuten köcheln lassen, bis das Wasser absorbiert ist. Vom Herd nehmen und abkühlen lassen.

3 Den Backofen auf 200 °C vorheizen. Die abgespülte und abgetrocknete Ente mit der Masse füllen. Die Öffnung mit einigen Zahnstochern verschließen. Im Backofen 1 1/2–2 Stunden braten, bis das Fleisch gar und die Haut knusprig ist.

**Tipp*

Es lohnt sich, für die Füllung möglichst die Originalzutaten zu besorgen. Nur so entsteht der besonders authentische volle Geschmack.

Peking-Ente

Bak Ging Tin Ngaap

FÜR 6–10 PERSONEN

1 küchenfertige Ente, etwa 2 kg

1,5 l kochendes Wasser

1 EL Honig

1 EL Shaoxing-Reiswein

1 TL weißer Reisessig

1 Gurke, geschält, entkernt, in feinen Stiften

10 Frühlingszwiebeln, in Streifen (nur die weißen Teile)

30 chinesische Pfannkuchen (siehe Seite 30)

Pflaumen- oder Hoisin-Sauce

Die herrlich knusprige Haut der Ente ist ihr begehrtestes Stück. In Restaurants wird die Karkasse, nachdem Haut und Fleisch verspeist sind, zurück in die Küche gebracht und kommt als Suppe wieder auf den Tisch.

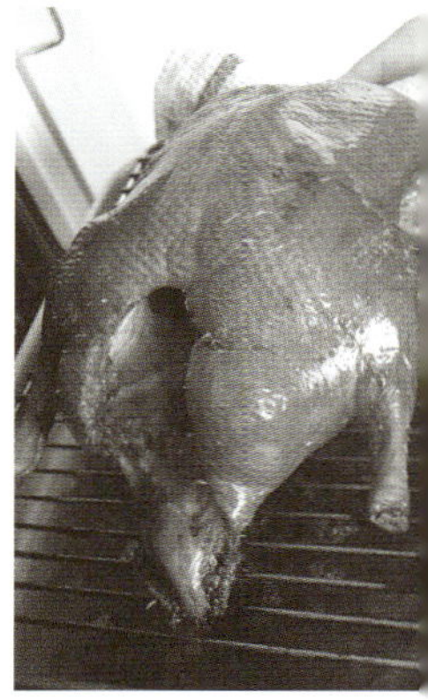

1 Die Ente außen und innen abspülen. Die Haut durch Massieren vom Fleisch lösen.*

2 Das kochende Wasser in einen großen Topf gießen. Honig, Reiswein und Essig zugeben und die Ente vorsichtig hineingleiten lassen. Etwa 1 Minute mit dem Wasser übergießen, dann herausnehmen und zum Trocknen einige Stunden oder über Nacht aufhängen.

3 Den Backofen auf 200 °C vorheizen. Die Ente auf einen Rost direkt über die Fettpfanne des Backofens legen und mindestens 1 Stunde braten, bis das Fleisch gar und die Haut sehr knusprig ist.

4 Die Ente zusammen mit Gurke, Frühlingszwiebeln und Pfannkuchen servieren. Die Haut ablösen und stückchenweise mit Gurke und Frühlingszwiebeln auf die Pfannkuchen geben. Mit etwas Pflaumen- oder Hoisin-Sauce beträufeln und aufrollen. Danach ebensolche Röllchen mit dem Fleisch zubereiten.

Tipp

Zum Lösen der Haut mit einer Fahrradpumpe an der Halsöffnung Luft zwischen Haut und Fleisch pumpen.

Dieser taoistische Schrein ist mit einem Yin-und-Yang-Zeichen verziert, das den Lauf der Dinge symbolisiert.

REIS & NUDELN

Bei einem festlichen Mahl serviert man in China ein Reisgericht gerne am Ende statt als Beilage zu einzelnen Gängen: Die Gäste sollen Delikatessen wie Abalonen oder Haifischflossensuppe pur genießen – nur wenn sie anschließend noch Hunger verspüren, können sie ihn mit einem Reisgericht stillen. Dennoch nimmt Reis in China einen fast mythischen Status ein.

In den riesigen Reisanbaugebieten des Landes deckt Reis nicht nur einen großen Teil des täglichen Kalorienbedarfs der dortigen Bevölkerung, sondern ist auch die Hauptzutat für viele Speisen. Kleinere Gemüse- und noch kleinere Fisch- und Fleischmengen rundet er ergänzend ab. Das ist mitunter schon darum nötig, weil manche Schmorgerichte derart mächtig sind, dass man sie ohne eine größere Reisgrundlage gar nicht bewältigen könnte. Reis soll also Geschmack und Aroma der anderen Zutaten transportieren und ausgleichen – vielleicht ist darum in China weißer polierter Langkornreis am beliebtesten. Durch das Polieren verliert er allerdings nicht nur fast alle wertvollen Inhaltsstoffe, die im Silberhäutchen enthalten sind, sondern auch an Geschmack. Aber viele Chinesen sind eben der Ansicht, dass Reis, je neutraler er schmeckt, umso besser die Aromen des Gerichts annehmen kann, zu dem er gereicht wird.

In der Kochliteratur ist oft von gedämpftem Reis die Rede – gemeint ist aber in der Regel gekochter Reis. In den meisten chinesischen Haushalten sorgen elektrische Reiskocher für perfekt gegarten Reis. Gedämpfter Reis hat eine wesentlich längere Garzeit als gekochter und wird etwas lockerer. Wie Reis auch ohne Dämpfen oder Reiskocher gelingt, erfahren Sie auf Seite 174.

Gebratenen Reis mit Ei (Seite 175) kann man beinahe als eigenständige Mahlzeit servieren. Dazu bie-

九份咖啡
阿妹茶酒館
阿妹茶樓
tea · coffee

Genauso gern wie Reis essen Chinesen Nudeln – ob aus Weizen- oder Reismehl oder aus Bohnenstärke.

tet sich übrig gebliebener Reis vom Vortag an, den man mit Gemüse- oder Fleischresten kombiniert. Aber auch frische Garnelen, gehacktes Cha Siu (Seite 148) und Rührei finden in Reis eine ideale Ergänzung.

Genauso gern wie Reis essen Chinesen Nudeln – ob aus Weizen- oder Reismehl oder aus Bohnenstärke. Es gibt sie frisch, getrocknet oder halb getrocknet. Man kann sie auf verschiedenste Weise zubereiten und servieren, in Suppen, gebraten, frittiert, in einer dicken Sauce gegart oder kalt.

Links *Vor einem Teehaus nehmen ein paar Chinesen einen Imbiss im Stehen ein.*

Folgende Doppelseite *Eine Frau führt einen Wasserbüffel an einem gefluteten Reisfeld entlang, das einem kleinen Jungen als Plantschbecken gelegen kommt.*

Fast immer werden Nudeln zunächst gekocht oder in heißem Wasser eingeweicht und erst anschließend mit anderen Zutaten kombiniert. Dan Dan Mian (Seite 188) aus der Provinz Szechuan ist eines der berühmtesten Nudelgerichte Chinas, während die Singapur-Nudeln (Seite 195) einst mit chinesischen Emigranten das Land verlassen haben und im Ausland leicht abgewandelt wurden. Klassiker wie Chop Suey oder Chow Mein sind dagegen stark an den westlichen Geschmack angepasste Nudelgerichte.

Die Nudelzubereitung kann mitunter zu einem großen Spektakel geraten. Ein Meisterkoch schwingt dabei frischen Weizennudelteig durch die Luft und formt ihn so zu sehr langen dünnen Nudeln – mancher schneidet den Nudelteig aber auch direkt in den Topf mit kochendem Wasser.

Gedämpfter Reis
Si Miu Baak Faan

Die Bezeichnung „gedämpft" ist etwas irreführend, denn der Reis wird im Grunde gekocht. In Asien bereitet man Reis auf unterschiedliche Weise zu, je nachdem, ob man einen klebenden oder einen lockeren Reis erhalten möchte. In China wird eher lockerer Reis bevorzugt.

FÜR 3–4 PERSONEN
225 g Reis*
kaltes Wasser

1 Den Reis waschen und in einen Topf geben. So viel Wasser zufügen, dass es den Reis gerade bedeckt. Zum Kochen bringen und abgedeckt etwa 15 Minuten köcheln lassen. Den Herd ausschalten und den Reis etwa 5 Minuten im eigenen Dampf weitergaren. Die Reiskörner sollten am Ende gar sein, aber nicht zusammenkleben.

**Tipp*
Die Angaben gelten für gewöhnlichen Langkornreis wie Jasminreis. Basmatireis benötigt etwas mehr Wasser und eine geringfügig längere Garzeit.

Gebratener Reis mit Ei

Daan Fa Chaau Faan

Ein Koch, der einen perfekten gebratenen Reis mit Ei zubereiten kann, gilt als Meister, egal wie gut seine Kochkünste sonst sind!

FÜR 4 PERSONEN

2 EL Pflanzenöl oder Erdnussöl

350 g gegarter Reis, gekühlt*

1 Ei, gut verquirlt

1 Das Öl im vorgeheizten Wok oder in einer tiefen Pfanne erhitzen und den Reis 1 Minute darin unter Rühren braten; ihn dabei so gut wie möglich in einzelne Körner auflockern.

2 Das Ei rasch unterrühren, sodass die Reiskörner gleichmäßig überzogen werden und nicht mehr zusammenkleben. Sofort servieren.

**Tipp*

Der Reis sollte nach Möglichkeit schon vor dem Braten aufgelockert werden, damit sich das Gericht leichter zubereiten lässt.

Reis mit Schweinefleisch und Garnelen

Yeung Jau Chaau Faan

Viele gebratene Reisgerichte können durchaus als Hauptgerichte serviert werden. In China aber reicht man sie gern als letzten Gang eines Menüs, für den Fall, dass die Gäste noch hungrig sind.

FÜR 4 PERSONEN

3 TL Pflanzenöl oder Erdnussöl

1 Ei, leicht verquirlt

100 g rohe Garnelen, ausgelöst und halbiert

100 g Cha Siu, fein gehackt (siehe Seite 148)

2 EL fein gehackte Frühlingszwiebeln

200 g gegarter Reis, gekühlt

1 TL Salz

1 Im vorgeheizten Wok oder in einer tiefen Pfanne 1 Teelöffel Öl erhitzen. Das Ei zugeben und zu einem Rührei braten. Aus dem Wok nehmen und beiseite stellen.

2 Das restliche Öl erhitzen und darin Garnelen, Cha Siu und Frühlingszwiebeln etwa 2 Minuten unter Rühren braten. Reis und Salz zufügen und alles 2 Minuten weiterbraten, dabei den Reis gut auflockern. Das Rührei unterheben. Sofort servieren.*

**Tipp*

Es gibt Dutzende Variationsmöglichkeiten für gebratenen Reis. Sie können ihn mit allen übrig gebliebenen oder frischen Zutaten kombinieren.

Fu Yung
Fu Yung Daan

Fu Yung *nennt man jedes mit Ei zubereitete Gericht. In unserem Fall ist es eine weitere Version von gebratenem Reis mit Ei.*

FÜR 4–6 PERSONEN

2 Eier

1/2 TL Salz

1 Prise weißer Pfeffer

1 TL zerlassene Butter

2 EL Pflanzenöl oder Erdnussöl

1 TL fein gehackter Knoblauch

1 kleine Zwiebel, in feine Ringe geschnitten

1 grüne Paprika, in feine Streifen geschnitten

450 g gegarter Reis, gekühlt

1 EL helle Sojasauce

1 EL fein gehackte Frühlingszwiebeln

140 g Bohnensprossen, geputzt

2 Tropfen Sesamöl

1 Die Eier mit Salz und Pfeffer verquirlen. Die Butter in einer tiefen Pfanne erhitzen, die Eier hineingießen und zu einem Omelett braten. Aus der Pfanne nehmen und in Streifen schneiden.

2 Das Öl im vorgeheizten Wok oder in einer tiefen Pfanne* erhitzen und den Knoblauch darin schwenken, bis er zu duften beginnt. Die Zwiebel zugeben und 1 Minute pfannenrühren. Die Paprika zufügen und 1 weitere Minute mitbraten. Den Reis unterheben. Wenn die Reiskörner locker sind, die Sojasauce unterrühren und alles 1 Minute garen.

3 Zunächst Frühlingszwiebeln und Omelettstreifen, dann Bohnensprossen und Sesamöl unterheben. 1 Minute unter Rühren erhitzen. Sofort servieren.

**Tipp*

Benutzen Sie möglichst eine beschichtete Pfanne.

Ameisen krabbeln auf einen Baum

Maang Ngai Seung Syu

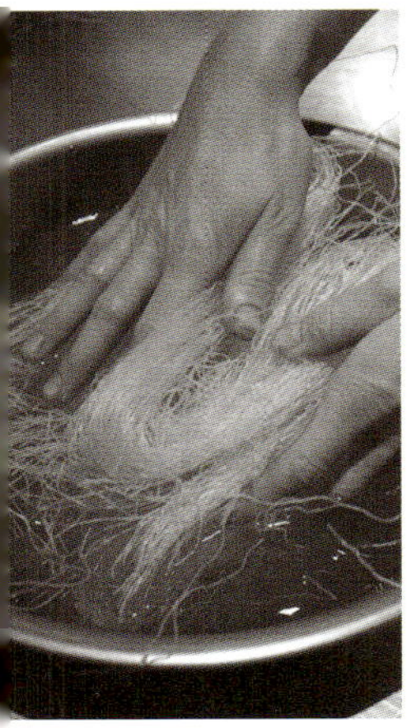

Dieses einfache herzhafte Gericht hat im Chinesischen einen sehr bildlichen Namen. Er rührt angeblich daher, dass die kleinen Hackfleischstückchen, die an den Nudeln haften, wie emsige Ameisen aussehen.

FÜR 4–6 PERSONEN

110 g Hackfleisch halb und halb

1 EL helle Sojasauce

1 Prise Salz

1 EL Pflanzenöl oder Erdnussöl

1 EL Chili-Bohnen-Sauce

1 TL dunkle Sojasauce

175 ml heiße Hühnerbrühe (siehe Seite 31)

140 g Glasnudeln*, 20 Minuten in warmem Wasser eingeweicht, dann abgetropft

2 Frühlingszwiebeln, fein gehackt

1 Das Hackfleisch mit 1 Teelöffel helle Sojasauce und dem Salz vermengen.

2 Das Öl im vorgeheizten Wok oder in einer tiefen Pfanne erhitzen und das Hackfleisch darin unter Rühren bräunen. Chili-Bohnen-Sauce und dunkle Sojasauce unterrühren.

3 Brühe, Nudeln und restliche helle Sojasauce zugeben. Abgedeckt etwa 8–10 Minuten köcheln lassen, bis die Masse relativ trocken ist. Dabei Wok oder Pfanne gelegentlich rütteln, aber das Gericht nicht umrühren. Die Frühlingszwiebeln unterheben. Sofort servieren.

**Tipp*

Glasnudeln werden aus Mungbohnenstärke hergestellt. Sie müssen entweder kurz eingeweicht oder frittiert werden. Sie sind relativ zerbrechlich.

Kiefern gedeihen im Schatten des mächtigen Huangshan (Gelber Berg) in der ostchinesischen Provinz Anhui.

Chow Mein mit Rindfleisch

Ngau Yuk Chaau Min

Dieses Gericht gibt es in vielen Variationen, mit den verschiedensten Nudel- und Fleischsorten oder auch Meeresfrüchten. Alle Gerichte mit Mein *enthalten Nudeln.*

FÜR 4 PERSONEN

Marinade

1 TL helle Sojasauce

1 Spritzer Sesamöl

1/2 TL Shaoxing-Reiswein

1 Prise weißer Pfeffer

280 g Rinderfiletsteak, in feine Streifen geschnitten

225 g getrocknete Eiernudeln

2 EL Pflanzenöl oder Erdnussöl

1 Zwiebel, in feine Ringe geschnitten

1 grüne Paprika, in feine Streifen geschnitten

140 g Bohnensprossen, geputzt

1 TL Salz

1 Prise Zucker

2 TL Shaoxing-Reiswein

2 EL helle Sojasauce

1 EL dunkle Sojasauce

1 EL fein gehackte Frühlingszwiebeln

1 Für die Marinade alle Zutaten in einer Schüssel verrühren und das Fleisch darin mindestens 20 Minuten marinieren.

2 Die Nudeln nach Packungsanleitung kochen.* Unter kaltem Wasser abschrecken und beiseite stellen.

3 Das Öl im vorgeheizten Wok oder in einer tiefen Pfanne erhitzen und das Rindfleisch darin etwa 1 Minute unter Rühren braten, bis sich seine Farbe ändert. Die Zwiebel zugeben und 1 Minute pfannenrühren, dann Paprika und Bohnensprossen. Die Gemüseflüssigkeit soll vollständig verdampfen. Salz, Zucker, Reiswein und beide Sojasaucen zufügen und alles 1 Minute pfannenrühren. Die Nudeln unterheben und 1 Minute erhitzen. Zuletzt die Frühlingszwiebeln unterrühren. Sofort servieren.

**Variation*

Man kann das Gericht auch mit Knuspernudeln servieren. Dazu die eingeweichten Nudeln im Wok kurz in heißem Fett frittieren.

Chengdu-Nudeln in Sesamsauce

Sing Dou Ma Laat Min

Vielerorts in China kennt man gar keine kalten Gerichte. Aber in Szechuan glaubt man, dass sich der Körper in der extremen Sommerhitze mit stark gewürzten kalten Speisen gut von innen kühlen lässt.

FÜR 4–6 PERSONEN

400 g dünne Weizennudeln

140 g Bohnensprossen, geputzt

1 EL sehr fein gehackte Frühlingszwiebeln

*Sauce**

1 EL Zucker

1 EL Sesamöl

55 g Sesampaste

1 EL Chiliöl

2 TL dunkle Sojasauce

1 EL schwarzer chinesischer Essig

1 Die Nudeln nach Packungsanleitung kochen. Unter fließend kaltem Wasser abschrecken und beiseite stellen. Die Bohnensprossen in kochendem Wasser 30 Sekunden blanchieren. Abtropfen lassen und ebenfalls beiseite stellen.

2 Alle Zutaten für die Sauce in einer Schüssel glatt und sämig rühren.

3 Nudeln und Bohnensprossen gut mit der Sauce vermengen. Mit Frühlingszwiebeln bestreuen.

**Tipp*

Variieren Sie die angegebenen Zutatenmengen für die Sauce, um ein würzigeres (mehr Sojasauce) oder schärferes (mehr Chiliöl) Resultat zu erhalten.

Über-die-Brücke-Nudeln

Go Kiu Mai Sin

Diese Spezialität aus der Provinz Yunnan wurde ursprünglich mit besonderen, aus der Region stammenden Reis-Bandnudeln zubereitet. Das Gericht verdankt seinen Namen einer treu sorgenden Ehefrau, die sich jeden Tag über eine Brücke auf eine kleine Insel begab, um ihrem Mann, der sich zum Studieren dorthin zurückgezogen hatte, sein Lieblingsnudelgericht zu bringen. Um ihn zu inspirieren, variierte sie das Gericht von Tag zu Tag, indem sie weitere Zutaten hinzufügte.

FÜR 4 PERSONEN

300 g dünne Eier- oder Reisnudeln

200 g Choi Sum, alternativ: Pak Choi, Senfkohl oder Chinakohl

2 l Hühnerbrühe (siehe Seite 31)

1-cm-Stück frische Ingwerwurzel, geschält

1–2 TL Salz

1 TL Zucker

1 Hähnchenbrustfilet, diagonal in feine Streifen geschnitten

200 g weißes Fischfilet, diagonal in feine Streifen geschnitten

1 EL helle Sojasauce

1 Die Nudeln nach Packungsanleitung kochen. Unter fließend kaltem Wasser abschrecken und beiseite stellen. Den Choi Sum in einem großen Topf mit kochendem Wasser 30 Sekunden blanchieren. Unter fließend kaltem Wasser abschrecken und beiseite stellen.

2 Die Brühe in einem großen Topf zum Kochen bringen. Ingwer, Salz und Zucker zufügen. Das Fett abschöpfen. Das Hähnchenfleisch zugeben und etwa 4 Minuten garen. Die Fischstreifen zufügen und alles weitere 4 Minuten köcheln lassen, bis Hähnchen und Fisch gar sind.* Nudeln, Choi Sum und Sojasauce zugeben und alles erneut zum Kochen bringen. Abschmecken. In Suppenschalen füllen und sofort servieren.

**Tipp*

Andere Zutatenkombinationen, z. B. Schweinefleisch und Garnelen, schmecken ebenfalls köstlich.

Folgende Doppelseite *Fahrräder sind in China nach wie vor das Fortbewegungsmittel Nummer eins.*

Dan Dan Mian
Daam Daam Min

Der Name des Gerichts bedeutet etwa „Polträger-Nudeln" und verweist darauf, dass die Straßenverkäufer früher diese scharfen Szechuan-Nudeln in zwei Schalen trugen. Außerhalb der größeren Städte kann man ihnen hier und da noch immer begegnen.

FÜR 4 PERSONEN

1 EL Pflanzenöl oder Erdnussöl

1 große getrocknete Chili, entkernt und in 3 Stücke geschnitten

1/2 TL Szechuan-Pfefferkörner

100 g Rinderhack

2 TL helle Sojasauce

300 g Reis-Vermicelli

1 EL gehackte geröstete Erdnüsse

Sauce

1 EL eingelegtes Gemüse (in asiatischen Lebensmittelläden erhältlich)

1/2 TL Szechuan-Pfefferkörner, leicht geröstet, zerdrückt

100 ml Hühnerbrühe* (siehe Seite 31)

1 TL schwarzer chinesischer Essig

1 TL Chiliöl

1 TL dunkle Sojasauce

1 EL helle Sojasauce

1 EL Sesampaste

einige Tropfen Sesamöl

2 Frühlingszwiebeln, fein gehackt

1 Das Öl im vorgeheizten Wok oder in einer tiefen Pfanne erhitzen. Chili und Pfeffer darin schwenken. Das Hackfleisch zugeben und unter schnellem Rühren anbraten. Wenn sich seine Farbe ändert, die helle Sojasauce zufügen und das Fleisch weiter garen, bis es gut gebräunt ist.

2 Die Zutaten für die Sauce verrühren und die Sauce auf vier Schalen verteilen.

3 Die Nudeln nach Packungsanleitung kochen. Abgießen, abtropfen lassen und ebenfalls auf die 4 Schalen verteilen.

4 Die Fleischmischung darüber geben. Mit den Erdnüssen bestreuen und sofort servieren.

**Tipp*

Dieses Gericht ist relativ trocken. Wenn Sie mehr Sauce wünschen, nehmen Sie einfach etwas mehr Brühe.

Lo Mein mit Schwein

Yuk Si Lou Min

Bei einem Lo-Mein-Gericht wird die Sauce – anders als bei Chow Mein – über die Nudeln gegossen und von jedem Gast selbst untergehoben. Traditionell wird Lo Mein mit Hühnchen- oder Rindfleisch zubereitet und zusammen mit einer Suppe serviert.*

FÜR 4–6 PERSONEN

Marinade

1 TL helle Sojasauce
1 Spritzer Sesamöl
1 Prise weißer Pfeffer

175 g mageres Schweinefleisch, in sehr feine Streifen geschnitten
225 g Eiernudeln
1 1/2 EL Pflanzenöl oder Erdnussöl
2 TL fein gehackter Knoblauch
1 TL fein gehackter frischer Ingwer
1 Karotte, in feine Stifte geschnitten
225 g Champignons, in feine Scheiben geschnitten
1 grüne Paprika, in feine Streifen geschnitten
1 TL Salz
125 ml heiße Hühnerbrühe (siehe Seite 31)
200 g Bohnensprossen, geputzt
2 EL fein gehackte Frühlingszwiebeln

1 Für die Marinade alle Zutaten verrühren und das Fleisch darin mindestens 20 Minuten marinieren.

2 Die Nudeln nach Packungsanleitung kochen. Abgießen und beiseite stellen.

3 Im vorgeheizten Wok 1 Teelöffel Öl erhitzen. Das Fleisch darin unter Rühren braten, bis sich die Farbe ändert. Herausnehmen und beiseite stellen.

4 Das restliche Öl im sauberen Wok erhitzen. Knoblauch und Ingwer darin schwenken, bis sie zu duften beginnen. Nacheinander Karotte, Pilze und Paprika zugeben und jeweils 1 Minute pfannenrühren. Das Schweinefleisch mit Salz und Brühe unterheben und alles gut erhitzen. Mit den Nudeln, dann mit den Bohnensprossen vermengen. Mit Frühlingszwiebeln bestreuen und sofort servieren.

**Tipp*

Hier werden alle Zutaten im Wok vermengt, damit das Servieren einfacher wird.

Blick vom Victoria Peak auf Hong Kong Island und, jenseits des Victoria Harbour, auf Kowloon

Reisnudeln mit Rindfleisch und Bohnensauce
Si Jiu Ngau Ho

FÜR 4–6 PERSONEN

Marinade

1 EL dunkle Sojasauce

1 TL Shaoxing-Reiswein

1/2 TL Zucker

1/2 TL weißer Pfeffer

225 g Rumpsteak, in feine Streifen geschnitten

225 g Reis-Vermicelli*

2–3 EL Pflanzenöl oder Erdnussöl

1 kleine Zwiebel, in feine Ringe geschnitten

1 grüne Paprika, in feine Streifen geschnitten

1 rote Paprika, in feine Streifen geschnitten

2 EL schwarze Bohnensauce

2–3 EL helle Sojasauce

Die weichen Reisnudeln nehmen alle Aromen perfekt auf. Ihre helle Farbe kontrastiert in diesem Gericht schön zu den bunten Paprikastreifen.

1 Für die Marinade alle Zutaten in einer Schüssel verrühren und das Fleisch darin mindestens 20 Minuten marinieren.

2 Die Nudeln nach Packungsanleitung kochen. Abgießen und beiseite stellen.

3 Das Öl im vorgeheizten Wok oder in einer tiefen Pfanne erhitzen und die Fleischstreifen darin 1 Minute unter Rühren braten, bis sich die Farbe ändert. Aus dem Wok nehmen, abtropfen lassen und beiseite stellen.

4 Überschüssiges Öl aus dem Wok abgießen. Dann Zwiebel und Paprika 1 Minute unter Rühren anbraten. Die Bohnensauce unterrühren, anschließend die Sojasauce. Die Nudeln unter das Gemüse heben. Mit den Rindfleischstreifen vermengen und gut erhitzen. Sofort servieren.

**Tipp*

Sie können für dieses Gericht auch Reis-Bandnudeln verwenden.

Singapur-Nudeln

Sing Jau Chaau Mai

Der Siegeszug dieses populären Gerichts begann in China. Nachdem es nach Singapur gelangt war, erhielt es durch Curry-Würze seinen letzten Schliff.

FÜR 4–6 PERSONEN

300 g Reis-Vermicelli

3 EL Pflanzenöl oder Erdnussöl

2 Knoblauchzehen, fein gehackt

500 g kleine rohe Garnelen, ausgelöst und in 2–3 Stücke geschnitten

115 g Cha Siu, in feine Streifen geschnitten (siehe Seite 148)

1 Zwiebel, in feine Streifen geschnitten

1 EL mildes Currypulver, z. B. Garam masala

1 grüne Paprika, in feine Streifen geschnitten

1 TL Zucker

1 TL Salz

1–2 TL Hühnerbrühe (siehe Seite 31)

1 EL helle Sojasauce

200 g Bohnensprossen, geputzt

1 Die Nudeln nach Packungsanleitung kochen. Abtropfen lassen und beiseite stellen.

2 Im vorgeheizten Wok oder in einer tiefen Pfanne 2 Esslöffel Öl erhitzen und den Knoblauch darin schwenken, bis er zu duften beginnt. Die Garnelen zufügen und 1 Minute unter Rühren braten, bis sich ihre Farbe ändert. Cha Siu zugeben, 1 weitere Minute braten, dann alles aus dem Wok nehmen und beiseite stellen.

3 Das restliche Öl im sauberen Wok oder in der Pfanne erhitzen und die Zwiebel darin 1 Minute unter Rühren braten. Mit dem Currypulver bestäuben. Paprika, Zucker, Salz und Brühe zugeben und alles 2 Minuten pfannenrühren. Die Sojasauce unterrühren. Zunächst die Nudeln, dann die Bohnensprossen und die Garnelen-Mischung unterheben*. Gut erhitzen und servieren.

**Tipp*

Schnell und einfach gelingt das Unterheben der Nudeln mit zwei Kochlöffeln oder Pfannenwendern.

GEMÜSE

Die chinesische Tradition des fleischlosen Kochens entwickelte sich vor allem in den buddhistischen Klöstern. Dabei entstand eine überaus raffinierte Küche, die von schlichten Armeleutespeisen bis zu prächtigen kaiserlichen Gerichten reicht – sie tragen häufig recht fantasievolle Namen (z. B. „Drachen gegen Phönix"), um über die einfachen Zutaten hinwegzutäuschen.

Tofu, in all seinen Variationen, ist eine der vielseitigsten Zutaten der vegetarischen Küche. Man stellt ihn aus gelben Sojabohnen her, die eingeweicht, zerdrückt und gekocht werden; er ist eines der gesündesten Lebensmittel überhaupt: reich an Eiweiß, Vitaminen, Mineralstoffen und Spurenelementen und dabei cholesterinfrei. Da Tofu und andere Sojaprodukte wie Sojamilch so gesund sind, kommen die Chinesen, abgesehen von den Mongolen und Muslimen in der Provinz Yunnan, seit jeher fast ganz ohne Milchprodukte aus.

Tofu war ursprünglich ein Armeleuteessen, hat sich aber mittlerweile fast überall durchgesetzt, auch wenn sich nicht jedermann mit seiner Konsistenz und seinem Geschmack (oder seiner Geschmacklosigkeit) anfreunden kann. Der Überlieferung nach wurde das wertvolle Nahrungsmittel während der Han-Dynastie (206 v. Chr.–220 n. Chr.) entwickelt: Ein Alchimist, entschlossen, ein Mittel zu erfinden, dass Unsterblichkeit verschafft, experimentierte mit gelben Sojabohnen, weil ihm schon ihr goldener Farbton Langlebigkeit verhieß. Nachdem er die Bohnen eingeweicht und zerstampft hatte, wurde die Masse aber einfach nur fest, und der Tofu war „erfunden".

Die bevorzugte Garmethode für Gemüse ist in China das kurze Braten bzw. Pfannenrühren im Wok. In der Gemüseküche legt man großen Wert auf die Farbe, und schon mit roter und grüner Paprika kann

Vegetarische Ernährung hat in China meist religiöse und nicht ethische oder gesundheitliche Gründe.

man eine große Wirkung erzielen. Grünes Gemüse wird stets mit etwas Salz gegart, damit es seine leuchtende Farbe behält. Ansprechende Effekte erreicht man auch dadurch, dass man die Zutaten in einheitlich große Würfel oder Streifen schneidet.

Vegetarische Ernährung hat in China meist religiöse und nicht ethische oder gesundheitliche Gründe. Aber Gemüse ist in jeder Ernährung unverzichtbar, ob nun solo serviert oder in Kombination mit Fleisch, Fisch oder schlicht in einer Hühnerbrühe. Gebratene Auberginen nach Szechuan-Art (Seite 208) kann man mit oder ohne Schweinefleisch zubereiten, und zu Gefüllten Auberginen in scharfer Sauce (Seite 211) gehört einfach etwas Schweinehack. Kurzum: Gemüsegerichte sind nicht durchweg vegetarisch, und umgekehrt isst man zu Fleisch, Fisch und Meeresfrüchten häufig Gemüse.

In China greift man für fleischlose Gerichte am liebsten und häufigsten zu grünem Gemüse, von chinesischem Blattgemüse über Kohl bis zu Erbsensprossen – was gerade frisch auf dem Markt ist. Kohl wird normalerweise kurz gebraten oder geschmort. Im Norden Chinas wird er ähnlich dem koreanischen Kim Chi eingelegt und dient während der langen, harten Winter als wichtige Vitaminquelle. Gelegentlich serviert man Kohl auch kalt und roh, wenngleich kurz mariniert, um ihm einen mild-säuerlichen Geschmack zu verleihen.

Eier isst man meist als Rührei mit Gemüse und Tofu oder einfach hart gekocht. Eingelegte Enteneier sind als „tausendjährige Eier" weltbekannt – der Name geht wohl auf die starke Verfärbung zurück: Das Eigelb hat einen grünlich schwarzen Ton, das Eiweiß dagegen ist braun-schwarz. Tausendjährige Eier gelten als Delikatesse und können solo (köstlich zu Rotwein) oder als Beilage verspeist werden.

Folgende Doppelseite *Ein Blick über die Dächer der Verbotenen Stadt in Peking*

Gedünstete Strohpilze
Man Dung Gu

Die Anschaffung eines Tontopfs lohnt sich allemal. Sowohl Fleisch als auch Gemüse lassen sich darin sehr gut zubereiten.

FÜR 4 PERSONEN

1 EL Pflanzenöl oder Erdnussöl

1 TL fein gehackter Knoblauch

175 g Strohpilze, gewaschen*

2 TL eingelegte schwarze Bohnen, abgespült und leicht zerdrückt

1 TL Zucker

1 EL helle Sojasauce

1 TL dunkle Sojasauce

1 Das Öl in einem kleinen Tontopf erhitzen. Den Knoblauch darin andünsten, bis er zu duften beginnt. Die Pilze zugeben und durch behutsames Wenden mit dem Öl überziehen. Bohnen, Zucker und Sojasaucen zufügen. Abgedeckt bei reduzierter Hitze 10 Minuten köcheln lassen, bis die Pilze weich sind.

**Tipp*

Frische Strohpilze sind außerhalb Asiens kaum erhältlich. Dosenware ist aber ein guter Ersatz. Die Pilze nach dem Abgießen gut abspülen.

Ein Kalligraph aus Guangzhou beschriftet ein Plakat.

Auberginen mit roter Paprika

Chou Liu Ke Ji

FÜR 4 PERSONEN

3 EL Pflanzenöl oder Erdnussöl

1 Knoblauchzehe, fein gehackt

3 Auberginen*, längs halbiert und diagonal in 2,5 cm breite Stücke geschnitten

1 TL weißer Reisessig

1 rote Paprika, in feine Streifen geschnitten

2 EL helle Sojasauce

1 TL Zucker

1 EL fein gehackte Korianderblätter (nach Belieben), zum Garnieren

1 Das Öl im vorgeheizten Wok oder in einer tiefen Pfanne erhitzen, bis es raucht, dann den Knoblauch darin schwenken, bis er zu duften beginnt. Die Auberginen zugeben und 30 Sekunden unter Rühren braten. Mit dem Essig ablöschen. Die Hitze reduzieren und alles abgedeckt 5 Minuten unter gelegentlichem Rühren dünsten.

2 Wenn die Auberginenstücke weich sind, die Paprikastreifen zugeben. Sojasauce und Zucker unterrühren und ohne Deckel weitere 2 Minuten garen.

3 Den Herd ausschalten und die Auberginen 2 Minuten ruhen lassen. Dann auf einen Servierteller geben und mit dem Koriander garnieren. Sofort servieren.

**Tipp*

Nehmen Sie asiatische Auberginen. Da sie nicht so viele Bitterstoffe enthalten, muss man sie nicht erst in Salz ziehen lassen.

Durch Pfannenrühren und Dünsten werden die Auberginen wunderbar zart. Dieses Gericht schmeckt so lecker, wie es aussieht.

Gebratene Auberginen nach Szechuan-Art

Yu Heung Ke Ji

Der chinesische Name dieses Gerichts bedeutet „Aubergine mit Fischduft“. Der Duft rührt aber nicht von Fisch her, sondern von der Gewürzmischung, die sonst für Szechuan-Fischgerichte verwendet wird – Knoblauch, Ingwer, Frühlingszwiebeln und Chillies. Hier aromatisieren sie die Auberginen.

FÜR 4 PERSONEN

Pflanzenöl oder Erdnussöl, zum Braten

4 Auberginen, längs halbiert und diagonal in 5 cm dicke Stücke geschnitten

1 EL Chili-Bohnen-Sauce

2 TL fein gehackter frischer Ingwer

2 TL fein gehackter Knoblauch

2–3 EL Hühnerbrühe (siehe Seite 31)

1 TL Zucker

1 TL helle Sojasauce

3 Frühlingszwiebeln, fein gehackt

1 Etwas Öl im vorgeheizten Wok oder in einer tiefen Pfanne erhitzen und die Auberginenstücke darin 3–4 Minuten unter Rühren leicht bräunen. Auf Küchenpapier abtropfen lassen und beiseite stellen.

2 Im sauberen vorgeheizten Wok oder in der Pfanne 2 Esslöffel Öl erhitzen* und die Chili-Bohnen-Sauce darin unter schnellem Rühren anbraten. Ingwer und Knoblauch zugeben und rühren, bis sie zu duften beginnen. Brühe, Zucker und Sojasauce unterrühren. Die Auberginen wieder in den Wok geben und alles einige Minuten köcheln lassen. Die Frühlingszwiebeln unterheben und sofort servieren.

**Tipp*

Dieses Gericht schmeckt auch mit Schweinehack. Braten Sie es an, bevor Sie die Chili-Bohnen-Sauce in den Wok geben.

Die Chinesische Mauer ist eine der berühmtesten Touristenattraktionen Chinas.

Gefüllte Auberginen in scharfer Sauce

Jin Yeung Ke Ji

Ein leichter Teigmantel sorgt dafür, dass die Auberginen beim Frittieren nicht zu viel Fett aufnehmen und eine köstlich zarte Konsistenz erhalten.

FÜR 5–6 PERSONEN

Teig

100 g Besan (Kichererbsenmehl)
55 g Mehl
1 Prise Salz
1 Ei, verquirlt
300 ml sehr kaltes Wasser

Sauce

5-cm-Stück sehr frische Ingwerwurzel
2 große, sehr frische Knoblauchzehen
2 EL Pflanzenöl oder Erdnussöl
3 EL Chili-Bohnen-Sauce
1 TL weißer Reisessig
2 TL Zucker
150 ml Hühnerbrühe (siehe Seite 31)

Füllung

100 g Schweinehack
1/2 TL sehr fein gehackte Frühlingszwiebeln
1/2 TL sehr fein gehackter frischer Ingwer
1 Spritzer Shaoxing-Reiswein
1 Prise weißer Pfeffer
1 Prise Salz

2 große Auberginen, geschält und in 4 cm dicke Scheiben geschnitten
Pflanzenöl oder Erdnussöl, zum Frittieren

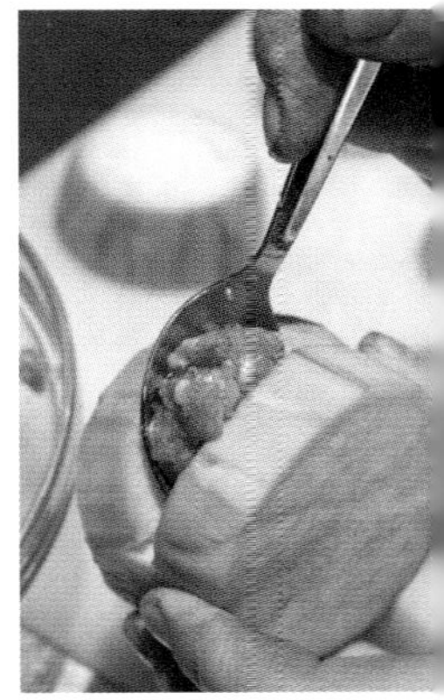

1 Für den Teig sämtliches Mehl und das Salz in eine große Schüssel sieben. Das Ei unterrühren, dann nach und nach das Wasser einarbeiten. Mindestens 5 Minuten zu einem glatten, zähen Teig verrühren. Im Kühlschrank ruhen lassen.

2 Für die Sauce Ingwer und Knoblauch mit einer Muskatreibe reiben. Die Fasern von der Reibe entfernen und nur den Saft auffangen.

3 Für die Füllung alle Zutaten vermengen und 20 Minuten ruhen lassen.

4 In jede Auberginenscheibe eine kleine Tasche schneiden (nicht durchschneiden!) und 1/2 Teelöffel Füllung hineingeben. Überschüssige Füllung mit einem Messer entfernen.

5 Öl im Wok, in der Fritteuse oder einem schweren Topf auf 180–190 °C erhitzen; ein Brotwürfel sollte darin in 30 Sekunden goldbraun frittiert sein. Die Auberginenscheiben in den Teig tauchen und dann in das heiße Fett gleiten lassen. Etwa 10 Minuten goldbraun ausbacken. Abtropfen lassen und in einer Servierschale oder auf einer Platte anrichten.

6 Für die Sauce das Öl im vorgeheizten Wok oder in einer tiefen Pfanne erhitzen und die Chili-Bohnen-Sauce darin 1 Minute pfannenrühren. Die Hitze reduzieren, Ingwer- und Knoblauchsaft zugeben und 1 Minute unter Rühren garen. Essig und Zucker zufügen und 2 Minuten weitergaren. Die Brühe zugießen und alles 2 Minuten köcheln lassen. Über die Auberginen gießen. Sofort servieren.

Scharfe grüne Bohnen
Gon Bin Sei Gai Dau

Dieses knackig frische Bohnengemüse stammt aus der Provinz Szechuan und ist dort eines der beliebtesten Gerichte. Üblicherweise wird noch etwas Schweinehack hinzugefügt, aber es schmeckt auch ohne ebenso gut.

FÜR 4 PERSONEN

200 g grüne Bohnen, geputzt und jeweils diagonal in 3–4 Stücke geschnitten

2 EL Pflanzenöl oder Erdnussöl

4 getrocknete Chillies, in 2 oder 3 Stücke geschnitten

1/2 TL Szechuan-Pfefferkörner

1 Knoblauchzehe, in feine Scheiben geschnitten

6 dünne Scheiben frische Ingwerwurzel

2 Frühlingszwiebeln (nur die weißen Teile), diagonal in Stücke geschnitten

1 Prise Meersalz

Ein herrlicher Blick auf den Jade-Drachen-Schneeberg in der Provinz Yunnan

1 Die Bohnen in einem großen Topf mit kochendem Wasser 10 Minuten kochen. Abtropfen lassen.

2 Im vorgeheizten Wok oder in einer tiefen Pfanne 1 Esslöffel Öl erhitzen und die Bohnen darin bei geringer Hitze etwa 5 Minuten pfannenrühren. Aus dem Wok nehmen und beiseite stellen.

3 Das restliche Öl im Wok erhitzen. Chillies und Pfeffer darin schwenken, bis sie zu duften beginnen. Knoblauch, Ingwer und Frühlingszwiebeln zugeben und unter Rühren braten, bis sie weich werden. Die Bohnen mit dem Salz wieder in den Wok geben, alles kurz vermengen und sofort servieren.

Schlangenbohnen mit roter Paprika

Dang Lung Jiu Chaau Dau Go

Schlangenbohnen werden bundweise verkauft. Sie ähneln den grünen Bohnen geschmacklich, bleiben aber nach dem Garen knackiger.

FÜR 4–6 PERSONEN

280 g Schlangenbohnen*, in 6 cm langen Stücken

1 EL Pflanzenöl oder Erdnussöl

1 rote Paprika, in feine Streifen geschnitten

1 Prise Salz

1 Prise Zucker

1 Die Bohnen in einem großen Topf mit kochendem Wasser 10 Minuten kochen. Abtropfen lassen.

2 Das Öl im vorgeheizten Wok oder in einer tiefen Pfanne erhitzen und die Bohnen darin bei starker Hitze 1 Minute unter Rühren braten. Die Paprikastreifen zugeben und 1 weitere Minute pfannenrühren. Mit Salz und Zucker bestreuen und servieren.

*Tipp

Schlangenbohnen werden traditionell mit Ei, schwarzen Bohnen oder mit einer zweiten Gemüsesorte serviert.

Gebratene Bohnensprossen

Ching Chaau Nga Choi

Diese knackig gebratenen Sprossen sind eine erfrischende Beilage für ein deftiges Fleischgericht.

FÜR 4 PERSONEN

1 EL Pflanzenöl oder Erdnussöl

225 g Bohnensprossen*, geputzt

2 EL fein gehackte Frühlingszwiebeln

1/2 TL Salz

1 Prise Zucker

1 Das Öl im vorgeheizten Wok oder in einer tiefen Pfanne erhitzen. Bohnensprossen und Frühlingszwiebeln etwa 1 Minute unter Rühren braten. Mit Salz und Zucker würzen. Die Sprossen in eine Servierschale füllen und sofort servieren.

**Tipp*

Braten Sie die Sprossen bei starker Hitze, damit sie schnell knackig gar und nicht wässrig werden.

Scharf-saurer Kohl
Chou Liu Ye Choi

Weißkohl fand erst relativ spät Einzug in die chinesische Küche, dabei eignet er sich ausgezeichnet für das Garen im Wok: Durch das Kurzbraten wird sein milder, süßer Geschmack noch verstärkt, und unangenehme Kohlgerüche werden vermieden.

FÜR 4 PERSONEN

450 g Weißkohl

1 EL Pflanzenöl oder Erdnussöl

10 Szechuan-Pfefferkörner, nach Belieben auch mehr

3 getrocknete Chillies, grob gehackt

1/2 TL Salz

1 TL weißer Reisessig

1 Spritzer Sesamöl

1 Prise Zucker

1 Die äußeren Blätter des Kohls entfernen. Den Kohl vierteln und den Strunk herausschneiden. Die Blätter in 3 cm große Stücke schneiden und voneinander lösen.* Gründlich unter kaltem Wasser abspülen.

2 Das Öl im vorgeheizten Wok oder in einer tiefen Pfanne erhitzen und den Pfeffer darin schwenken, bis er zu duften beginnt. Die Chillies unterrühren. Den Kohl nach und nach mit dem Salz zugeben und 2 Minuten pfannenrühren.

3 Essig, Sesamöl und Zucker unterrühren und alles 1 weitere Minute pfannenrühren, bis der Kohl knackig gar ist. Sofort servieren.

**Tipp*

Für das Pfannenrühren im Wok ist es von Vorteil, wenn das Gargut in gleich große Stücke geschnitten wird. Das ist bei Gemüsesorten wie Kohl nicht ganz einfach, sollte aber doch so weit wie möglich versucht werden.

Folgende Doppelseite *Die imposanten Kalkstein-Nadelfelsen am Li Jiang in der Nähe der Stadt Guilin*

Chinesisches Blattgemüse

Chaau Jaap Choi

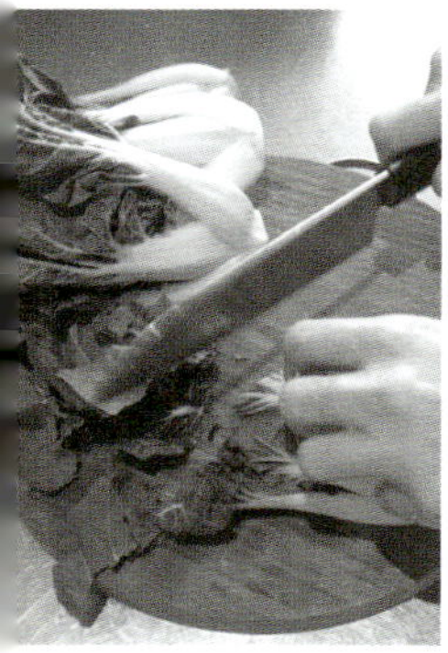

Dies ist die klassische Art, chinesisches Blattgemüse zuzubereiten. In der kantonesischen Küche wird es fast täglich als Beilage gereicht.

FÜR 4 PERSONEN

1 EL Pflanzenöl oder Erdnussöl

1 TL fein gehackter Knoblauch

225 g chinesisches Blattgemüse, grob gehackt*

1/2 TL Salz

1 Das Öl im vorgeheizten Wok oder in einer tiefen Pfanne erhitzen und den Knoblauch darin schwenken, bis er zu duften beginnt. Das Gemüse mit dem Salz zugeben und bei starker Hitze maximal 1 Minute pfannenrühren. Sofort servieren.

**Tipp*

Um ein gutes Resultat zu erzielen, wählen Sie nur ganz frisches Gemüse der Saison.

Choi Sum mit Austernsauce

Hou Yau Choi Sam

Austernsauce ist in China ein äußerst beliebtes Würzmittel, vor allem für Gemüsegerichte.

FÜR 4–6 PERSONEN

300 g Choi Sum*

1 EL Pflanzenöl oder Erdnussöl

1 TL fein gehackter Knoblauch

1 EL Austernsauce

1 Den Choi Sum in einem großen Topf mit kochendem Wasser 30 Sekunden blanchieren. Abtropfen lassen.

2 Das Öl im vorgeheizten Wok oder in einer tiefen Pfanne erhitzen und den Knoblauch darin schwenken, bis er zu duften beginnt. Den Choi Sum zugeben und 1 Minute pfannenrühren. Mit der Austernsauce würzen und sofort servieren.

*Tipp

Sie können Choi Sum durch anderes chinesisches Blattgemüse der Saison ersetzen.

Gebratener Brokkoli mit Zuckererbsen
Chaau Seung Cheui

Das Geheimnis chinesischer Wokgerichte liegt darin, dass das Gemüse nicht nur knackig gegart wird, sondern dabei seine leuchtende Farbe behält – eine kleine Prise Salz macht's möglich.

FÜR 4 PERSONEN

2 EL Pflanzenöl oder Erdnussöl
1 Spritzer Sesamöl
1 Knoblauchzehe, fein gehackt
225 g kleine Brokkoliröschen
115 g Zuckererbsen, geputzt
225 g Chinakohl, in 1 cm breite Streifen geschnitten
5–6 Frühlingszwiebeln, fein gehackt
1/2 TL Salz
2 EL helle Sojasauce
1 EL Shaoxing-Reiswein
1 TL Sesamsaat, leicht geröstet

1 Die Öle im vorgeheizten Wok oder in einer tiefen Pfanne erhitzen und den Knoblauch darin unter schnellem Rühren braten. Das Gemüse* mit dem Salz in den Wok geben und bei starker Hitze etwa 3 Minuten pfannenrühren.

2 Sojasauce und Reiswein zugießen und alles 2 Minuten garen. Mit Sesam bestreuen und sofort servieren.

**Tipp*

Für dieses Gericht können Sie nahezu jede Gemüsesorte verwenden, ganz nach Ihrem Geschmack.

Bambussprossen mit Tofu

Seun Jim Dau Fu

In diesem Gericht kommen einige typische chinesische Zutaten zusammen.

FÜR 4–6 PERSONEN

3 getrocknete chinesische Pilze, 20 Min. in heißem Wasser eingeweicht

55 g Baby-Pak-Choi

Pflanzenöl oder Erdnussöl, zum Frittieren

450 g fester Tofu, in 2,5 cm große Würfel geschnitten*

55 g Bambussprossen, frisch oder aus der Dose, abgespült und in feine Streifen geschnitten (frische Sprossen 30 Min. kochen)

1 TL Austernsauce

1 TL helle Sojasauce

Drei Männer im Gespräch vor dem Himmelstempel in Peking

1 Die Pilze gut ausdrücken, die harten Stiele entfernen und die Kappen in feine Streifen schneiden. Den Pak Choi in einem großen Topf mit kochendem Wasser 30 Sekunden blanchieren. Abtropfen lassen und beiseite stellen.

2 Öl im Wok oder in der Fritteuse auf 180–190 °C erhitzen; ein Brotwürfel sollte darin in 30 Sekunden goldbraun frittiert sein. Die Tofuwürfel goldbraun frittieren. Abtropfen lassen und beiseite stellen.

3 Im vorgeheizten Wok oder in einer tiefen Pfanne 1 Esslöffel Öl erhitzen. Pilze und Pak Choi unter Rühren darin anbraten. Tofu und Bambussprossen mit Austern- und Sojasauce zufügen. Unter Rühren gut erhitzen. Sofort servieren.

**Tipp*

Tofu lässt sich gut gekühlt leichter schneiden.

Rührei mit Tofu
Waat Daan Dau Fu

Nahrhaft und einfach – dieses vegetarische Gericht gelingt im Handumdrehen.

FÜR 4–6 PERSONEN

225 g weicher Tofu, in 1 cm große Würfel geschnitten
4 Eier, verquirlt
1 Prise Salz
100 g chinesischer Schnittlauch, fein gehackt
1 EL Shaoxing-Reiswein
3 EL Pflanzenöl oder Erdnussöl
4–5 EL Gemüsebrühe*

1 Den Tofu in einem großen Topf mit kochendem Wasser 2 Minuten blanchieren. Abtropfen lassen und beiseite stellen.

2 Eier mit dem Salz, der Hälfte des Schnittlauchs und 1 Teelöffel Reiswein verrühren.

3 Im vorgeheizten Wok oder in einer tiefen Pfanne 2 Esslöffel Öl erhitzen und die Eiermasse darin 2 Minuten unter schnellem Rühren stocken lassen. Das Rührei aus dem Wok nehmen und beiseite stellen.

4 Das restliche Öl im sauberen vorgeheizten Wok oder in der Pfanne erhitzen und die Tofuwürfel darin 2 Minuten unter Rühren braten. Brühe und restlichen Reiswein zufügen und alles 3 Minuten köcheln lassen. Mit Rührei und restlichem Schnittlauch vermengen. Sofort servieren.

**Tipp*
Wenn Sie keinen Vegetarier zum Essen erwarten, können Sie auch Hühnerbrühe verwenden.

Bratkartoffeln mit Koriander

Heung Choi Tou Dau

Kartoffeln – besonders gute Sorten stammen aus der Provinz Shanxi – sind die Grundlage dieses einfachen, wunderbar herzhaften Gerichts.

FÜR 6–8 PERSONEN

4 Kartoffeln, geschält und in große Stücke geschnitten

Pflanzenöl oder Erdnussöl, zum Braten

100 g durchwachsenes Schweinefleisch, sehr klein gewürfelt oder gehackt

1 grüne Paprika, in kleine Stücke geschnitten

1 EL fein gehackte Frühlingszwiebeln (nur die weißen Teile)

2 TL Salz

1/2 TL weißer Pfeffer

1 Prise Zucker

2–3 EL Kartoffel-Garwasser

2 EL frisch gehackte Korianderblätter

Die Verbotene Stadt in Peking

1 Die Kartoffeln in einem großen Topf mit kochendem Wasser 15–20 Minuten gar kochen. Abgießen, dabei etwas von der Garflüssigkeit auffangen.

2 Öl im Wok oder in einer Pfanne erhitzen und die Kartoffeln darin goldbraun und knusprig braten. Abtropfen lassen und beiseite stellen.

3 Im sauberen vorgeheizten Wok oder in der Pfanne 1 Esslöffel Öl erhitzen. Fleisch, Paprika und Frühlingszwiebeln darin 1 Minute unter Rühren braten. Mit Salz, Pfeffer und Zucker würzen und alles 1 weitere Minute garen.

4 Die Kartoffeln unterheben. Das Wasser zugießen und alles 2–3 Minuten garen, bis die Kartoffeln heiß sind. Den Koriander unterheben und sofort servieren.*

**Variation*

Garnieren Sie das Gericht mit chinesischem Kaviar.

Kohl und Gurke mit Essig-Dressing

Bak Fong Paau Choi

In Nordchina, wo es mitunter so kalt ist, dass Nahrungsmittel auch ohne Kühlschrank nicht verderben, serviert man manche Gerichte gekühlt. Reichen Sie diesen Salat als kalte Vorspeise oder als Beilage.

FÜR 4–6 PERSONEN

225 g Chinakohl, in sehr feine Streifen geschnitten*

1 TL Salz

1 Gurke, geschält, entkernt und in feine Stifte geschnitten

1 TL Sesamöl

2 EL weißer Reisessig

1 TL Zucker

1 Den Kohl mit dem Salz bestreuen und mindestens 10 Minuten ziehen lassen. Falls nötig, abtropfen lassen. Kohl und Gurke vermengen.

2 Öl, Essig und Zucker verrühren, über das Gemüse geben und unterrühren. Sofort servieren.

**Tipp*

Für diesen Salat sollten Sie einen ganz zarten jungen Kohl verwenden.

Chinesischer Tomatensalat

Chung Sik Faan Ke Sa Leut

Die Provinz Shanxi ist berühmt für ihre Tomaten und für ihren Essig. Hier findet beides in einem fruchtigen Salat zueinander.

FÜR 4–6 PERSONEN

Dressing

1 EL fein gehackte Frühlingszwiebeln

1 TL fein gehackter Knoblauch

1/2 TL Sesamöl

1 EL weißer Reisessig

1/2 TL Salz

1 Prise weißer Pfeffer

1 Prise Zucker

2 große Tomaten*

1 Für das Dressing alle Zutaten gründlich verrühren und beiseite stellen.

2 Die Tomaten in dünne Scheiben schneiden und auf einem Servierteller anrichten. Mit dem Dressing beträufeln.

**Tipp*

Verwenden Sie vollreife, aber noch feste Tomaten, und schneiden Sie sie mit einem scharfen Messer.

DESSERTS

Ein Menü mit einem Dessert abzuschließen ist der kulinarischen Tradition Chinas völlig fremd. Dass man heute in vielen Haushalten und Restaurants am Ende eines Essens eine Nachspeise reicht, ist eine Folge der zunehmenden Verwestlichung, vor allem in den Großstädten.

Das heißt aber nicht, dass Chinesen keine Süßigkeiten mögen. Man bietet sie nur ganz unabhängig von einem Menü an oder auch währenddessen, aber nicht, wie bei uns, zum Abschluss. Dim Sum, mit seiner bunten Mischung aus süßen und herzhaften Häppchen, ist dafür ein typisches Beispiel. Die chinesische Küche serviert Gerichte, sobald sie fertig sind und nicht nach einer festgelegten Reihenfolge. Bei einem westlichen Büfett würden sich chinesische Gäste also süße und herzhafte Speisen gleichzeitig auf ihre Teller laden.

Bei festlichen Anlässen nimmt Süßes einen besonderen Rang ein. Der berühmteste chinesische Kuchen – der Mondkuchen – ist ein wichtiges Element des im Herbst stattfindenden Mondfestes oder Mittherbstfestes, bei dem sich alle Familien ein hübsches Plätzchen im Freien suchen, um den Vollmond zu bewundern. Der mondförmige Kuchen, der traditionell mit roter Bohnenpaste, Lotuspaste oder gesüßtem Eigelb gefüllt wird, ist mit chinesischen Glückszeichen verziert und schmeckt außerordentlich süß.

Gelegentlich süßt man für Desserts auch herzhafte Zutaten: So verarbeitet man rote Bohnen, Lotussamen und Silberohren (eine Pilzart) zu einer süßen Suppe. Auch Desserts aus Kartoffeln sind verbreitet.

Andere Süßigkeiten verzehrt man als Imbiss – sie sind nahezu rund um die Uhr am Straßenrand erhält-

Rechts *Ein Händler bietet auf einem chinesischen Markt seine süßen Schlemmereien feil.*

蛋糕
进口的鲜奶，果酱
橙、柠檬、兰莓、草
多种口味蛋糕，不
是健康
庆

Das beliebteste Dessert besteht einfach aus möglichst frischen Früchten ohne jede weitere Zutat.

lich. Süße Brötchen gib es überall, ebenso köstliche kleine Klöße aus Klebreismehl, die mit Ingwersauce serviert werden. Klebreis ist eine gängige Dessertgrundlage: zu Pudding gekocht oder als Einlage in einer süßen Suppe. Getrocknete Früchte wie Datteln, Kumquats und Backpflaumen isst man solo oder integriert sie in süße Reisspeisen und Suppen.

Backwaren wie Glückskekse und Mandelplätzchen (Seite 252) sowie alle Arten von Kuchen und Kleingebäck wurden aus der westlichen Backstube entlehnt, denn in der traditionellen chinesischen Küche gibt es keine im Ofen gebackenen Gerichte. Die Übernahme von Milchprodukten geht wohl in erster Linie auf den portugiesischen Einfluss in Macao zurück. In der Provinz Guangdong etwa sind süße Milchpuddings sehr beliebt – in Shunde, der kulinarischen Hauptstadt (aus der auch die kantonesischen Chefköche stammen), findet man noch Teehäuser, die auf sie spezialisiert sind. Für Geburtstage und andere Feiern sind heute Kuchen und Torten nach französischer Art obligatorisch. Aber als König unter den Kuchen gilt nach wie vor der portugiesische Eierkuchen.

Das beliebteste Dessert besteht jedoch einfach aus möglichst frischen Früchten. In der Regel serviert man sie noch leicht unreif, in Stücke geschnitten und ohne jede weitere Zutat, nicht einmal mit Zucker. Und wer würde an einem heißen Sommertag einer saftigen Wassermelone oder frischen Litschis widerstehen können! Nebenbei sollte man nicht vergessen, dass Orangen, Kakis, Mandarinen, Pflaumen und Pfirsiche ursprünglich aus dem Reich der Mitte stammen.

Folgende Doppelseite *Fischer gleiten auf kleinen Flößen, eskortiert von Kormoranen, über das Wasser des Li Jiang.*

Karamellisierte Apfelküchlein

Bat Si Ping Gwo

FÜR 6 PERSONEN

Teig

115 g Mehl

1 Ei, verquirlt

125 ml kaltes Wasser

4 Äpfel, geschält, ohne Kerngehäuse und in 8 Ringe geschnitten

Pflanzenöl oder Erdnussöl, zum Frittieren

Karamell

4 EL Sesamöl

225 g Zucker

2 EL geröstete Sesamsaat

Für dieses Gericht werden auch gerne Bananenscheiben und im Norden Chinas sogar gekochte Kartoffeln verwendet.

1 Für den Teig das Mehl sieben und das Ei unterrühren. Nach und nach das Wasser einarbeiten und alles zu einem glatten zähen Teig verarbeiten. Die Apfelringe in den Teig tauchen.

2 Öl im Wok, in der Fritteuse oder einem schweren Topf auf 180–190 °C erhitzen; ein Brotwürfel sollte darin in 30 Sekunden goldbraun frittiert sein. Die Apfelringe portionsweise goldbraun ausbacken. Abtropfen lassen und beiseite stellen.

3 Für den Karamell das Sesamöl in einem kleinen schweren Topf erhitzen. Wenn es zu rauchen beginnt, den Zucker zugeben und unter ständigem Rühren erhitzen, bis er karamellisiert und goldgelb ist.* Den Topf vom Herd nehmen, den Sesam unterrühren und den Karamell in eine Pfanne gießen.

4 Bei sehr geringer Hitze die Apfelküchlein in die Pfanne geben. Beidseitig im Karamell wenden und dann kurz in kaltes Wasser tauchen. Abtropfen lassen und sofort servieren.

**Tipp*

Überziehen Sie die Apfelringe rasch mit dem fertigen Karamell, damit er nicht am Pfannenboden ansetzt.

Ein kleiner Marktstand mit einer Auswahl frischer Früchte

Gebratene Bananen im Teigmantel

Ja Heung Jiu

FÜR 4–6 PERSONEN

Teig

55 g Mehl

1 Prise Salz

1 Ei, verquirlt

60 ml Milch

25 g Zucker

Pflanzenöl oder Erdnussöl, zum Braten*

4–5 mittelreife Bananen, längs halbiert und in 7 cm lange Stücke geschnitten

1 Für den Teig Mehl und Salz in eine Schüssel sieben. Das Ei unterrühren. Nach und nach mit der Milch zu einem glatten, zähen Teig verarbeiten. Dann den Zucker unterrühren.

2 Etwas Öl im Wok oder in einer tiefen Pfanne erhitzen. Die Bananenstücke in den Teig tauchen und dann etwa 3–4 Minuten portionsweise goldbraun braten. Abtropfen lassen und warm servieren.

*Tipp

Für einen feineren Geschmack geben Sie zum Braten zusätzlich etwas Butter in den Wok oder verwenden ausschließlich Butter. Achten Sie nur darauf, dass sie nicht verbrennt.

Religion gehört nach wie vor zum chinesischen Alltag, und Schreine sind, ob zu Hause oder auf der Arbeit, stets mit Räucherstäbchen und Essensgaben geschmückt.

Mangopudding
Mong Gwo Bou Din

Bei diesem Dessert aus dem Süden Chinas ist der westliche Einfluss unverkennbar.

FÜR 6 PERSONEN

25 g Sago, mindestens 20 Min. in warmem Wasser eingeweicht

250 ml warmes Wasser

25 g Zucker

1 große reife Mango, etwa 280 g*

200 mg Schlagsahne

1 EL gemahlene Gelatine, in 250 ml warmem Wasser aufgelöst

1 Den abgetropften Sago mit dem abgemessenen Wasser in einen Topf geben und zum Kochen bringen. Bei kleiner Hitze 10 Minuten unter häufigem Rühren köcheln lassen, bis die Masse eingedickt ist. Den Zucker unterrühren und alles auskühlen lassen.

2 Die Mango schälen. Das Fruchtfleisch vom Stein lösen und im Mixer oder mit dem Pürierstab glatt pürieren. Sahne und Gelatinemasse unterrühren.

3 Alle Zutaten gut miteinander vermengen. In 6 Dessertschalen füllen und im Kühlschrank fest werden lassen.

**Tipp*

Falls keine Mango erhältlich ist, können Sie auch andere Früchte wie Pfirsiche nehmen.

Frischer Fruchtsalat mit Zitronensaft

Jaap Gwo Sa Leut

FÜR 4–6 PERSONEN

450 g gemischtes Melonenfleisch, in Würfel geschnitten oder zu Kugeln ausgestochen*

2 EL Zucker

Saft von 1 Zitrone

2 Bananen, diagonal in feine Scheiben geschnitten

1 In einer Schüssel die Melonenstücke mit dem Zucker bestreuen und mit Zitronensaft und Bananenscheiben vermengen. Sofort servieren.

**Tipp*

Äpfel, Orangen und Trauben, aber auch Mangos oder Litschis können Sie ebenso verarbeiten.

Frischer Fruchtsalat oder ein Teller mit klein geschnittenen Früchten ist der Chinesen liebstes Dessert.

Birnen in Honigsirup
Mat Jin Syut Lei

Warme Birnen mit einem einfachen Honigsirup sind ein schlichtes, aber köstliches Dessert.

FÜR 4 PERSONEN
4 mittelreife Birnen
200 ml Wasser
1 TL Zucker
1 EL Honig

1 Die Birnen schälen, dabei die Stiele intakt lassen. Jede Birne in Alufolie wickeln, den Stiel aussparen. In einen Topf setzen und mindestens bis zur Hälfte der Früchte mit Wasser auffüllen. Das Wasser zum Kochen bringen und 30 Minuten köcheln lassen. Die Birnen herausnehmen, die Alufolie vorsichtig entfernen und den ausgetretenen Birnensaft in eine Schale gießen. Die Birnen abkühlen lassen.

2 Das abgemessene Wasser zum Kochen bringen. Birnensaft, Zucker und Honig zugeben und 5 Minuten kochen. Den Sirup vom Herd nehmen und etwas abkühlen lassen.

3 Zum Servieren die Birnen in Dessertschalen* setzen und mit etwas Sirup begießen. Lauwarm servieren.

**Tipp*

Ein besonders schöner Farbkontrast entsteht, wenn Sie die Birnen in dunklen Dessertschalen servieren.

Winterlicher Reispudding mit Trockenfrüchten

Laap Baat Juk

Dieser Nachtisch wird traditionell am achten Tag des zwölften Monats im Mondkalender verspeist – der Überlieferung zufolge reichte man das Dessert früher zum Tode verurteilten Strafgefangenen als Henkersmahlzeit – wohl bekomms!

FÜR 6–8 PERSONEN

1 EL Erdnüsse

1 EL Pinienkerne

1 EL Lotussamen

225 g gemischte Trockenfrüchte (Rosinen, Kumquats, Pflaumen, Datteln usw.)

2 l Wasser

115 g Zucker

225 g Klebreis, 2 Std. in kaltem Wasser eingeweicht

1 Erdnüsse, Pinienkerne und Lotussamen mindestens 1 Stunde in kaltem Wasser einweichen. Falls nötig, die Trockenfrüchte ebenfalls einweichen. Größere Früchte klein schneiden.

2 Das Wasser in einem großen Topf zum Kochen bringen. Den Zucker zufügen und unter Rühren auflösen. Reis, Nüsse, Samen und Früchte abgießen, abtropfen lassen und in das Zuckerwasser geben. Erneut zum Kochen bringen. Abgedeckt bei sehr geringer Hitze 1 Stunde unter häufigem Rühren köcheln lassen.*

**Tipp*

Der Reispudding sollte die Konsistenz einer sehr dickflüssigen Suppe haben. Für einen dünneren Pudding geben Sie einfach noch etwas Wasser hinzu.

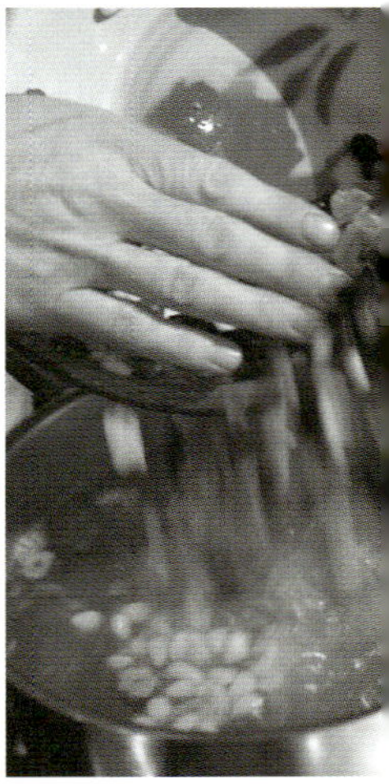

Acht-Schätze-Reiskuchen
Baat Bou Faan

Die Acht gilt in China als Glückszahl, wird sie doch oftmals mit den acht Unsterblichen, beliebten Gottheiten der chinesischen Volksreligion, assoziiert. Dieses prächtige Dessert wird traditionell bei feierlichen Anlässen serviert.

FÜR 6–8 PERSONEN

225 g Klebreis, 2 Std. in kaltem Wasser eingeweicht
100 g Zucker
25 g Schmalz
2 getrocknete Kumquats, fein gehackt*
3 Backpflaumen, fein gehackt
5 getrocknete rote Datteln, 20 Min. in warmem Wasser eingeweicht, fein gehackt
1 TL Rosinen
12 Lotussamen (getrocknete Samen mindestens 1 Std. in warmem Wasser einweichen)
100 g süße rote Bohnenpaste

1 Den Klebreis etwa 20 Minuten dämpfen, bis er weich ist. Beiseite stellen.

2 Den abgekühlten Reis mit Zucker und Schmalz zu einer klebrigen Masse verrühren.

3 Trockenfrüchte und Samen vermengen und auf dem Boden einer Puddingform verteilen. Die Hälfte vom Reis darauf verteilen, leicht andrücken und glatt streichen.

4 Die Bohnenpaste auf den Reis streichen. Den restlichen Reis darauf verteilen, andrücken und glatt streichen.

5 Den Pudding 20 Minuten dämpfen, dann leicht abkühlen lassen und auf einen Servierteller stürzen. Am Tisch in kleine Stücke schneiden.

**Tipp*

Die Trockenfrüchtemischung kann jede Art von getrockneten Früchten und auch Nüsse enthalten.

In China wird wundervoller schwarzer und grüner Tee produziert, nicht nur für den Export, sondern auch für den heimischen Markt.

Mandelgelee in Ingwersauce

Geung Jap Hang Yan Je Lei

Der leicht herbe Geschmack der Ingwersauce passt wunderbar zum süßen Gelee.

FÜR 6–8 PERSONEN

Gelee

850 ml Wasser

5 g Agar-Agar

225 g Zucker

125 mg Kondensmilch

1 TL Bittermandelaroma

*Ingwersauce**

100 g frische Ingwerwurzel, grob gehackt

850 ml Wasser

55 g brauner Zucker

**Tipp*

Die Ingwersauce schmeckt auch zu weichem Tofu.

1 Für das Gelee das Wasser zum Kochen bringen. Das Agar-Agar unter Rühren darin auflösen. Den Zucker unterrühren.

2 Durch ein Haarsieb in eine flache Form gießen. Die Kondensmilch unter ständigem Rühren zugießen. Leicht abkühlen lassen, dann das Mandelaroma unterrühren. Vollständig abkühlen, dann im Kühlschrank fest werden lassen.

3 Für die Ingwersauce Ingwer, Wasser und Zucker in einem abgedeckten Topf mindestens $1^1/_2$ Stunden einkochen, bis die Sauce goldgelb ist. Anschließend den Ingwer entfernen.

4 Das Gelee in Rechtecke schneiden und in Dessertschalen anrichten. Etwas Ingwersauce warm oder kalt darüber geben und servieren.

Menschen auf dem Weg zur runden Halle der Erntegebete auf dem Gelände des Himmelstempels in Peking

Mandelplätzchen
Hang Yan Beng

Mandeln sind in China eine sehr beliebte Zutat für alle Arten von Desserts und süßem Gebäck.

ERGIBT ETWA 50 STÜCK

675 g Mehl

1/2 TL Backpulver

1/2 TL Salz

100 g gemahlene blanchierte Mandeln

225 g Schmalz, in Flöckchen*

225 g Zucker

1 Ei, leicht verquirlt

1 1/2 TL Bittermandelaroma

50 ganze Mandeln, zum Dekorieren (nach Belieben)

1 Mehl, Backpulver und Salz in eine Schüssel sieben und sorgfältig mit den gemahlenen Mandeln vermengen.

2 Den Schmalz zugeben und alles zu einem fein krümeligen Teig verarbeiten. Zucker, Ei und Mandelaroma unterkneten, bis ein weicher geschmeidiger Teig entsteht.

3 Kleine Teigportionen zu 2,5 cm dicken Kugeln formen und in 5 cm Abstand auf ein ungefettetes Backblech setzen. Mit einem Löffelrücken flach drücken. Je eine Mandel in die Mitte jedes Plätzchens drücken.

4 Den Backofen auf 160 °C vorheizen und die Plätzchen darin 15–18 Minuten goldgelb backen. Auf einem Kuchengitter auskühlen lassen.

**Tipp*

Statt Schmalz können Sie auch Margarine oder Butter verwenden.

Bizarre Kalksteinformationen und mäandernde Flüsse gehören zum Landschaftsbild Südchinas.

Register

Acht-Schätze-Reiskuchen 248
Ameisen krabbeln auf einen Baum 178
Äpfel
  Karamellisierte Apfelküchlein 240
Aromatische Ente 161
Auberginen 13, 22
  Auberginen mit roter Paprika 207
  Gebratene Auberginen nach Szechuan-Art 208
  Gefüllte Auberginen in scharfer Sauce 211
Austernsauce 30
  Choi Sum mit Austernsauce 221

Baat Bou Faan 248
Baat Bou Ngaap 162
Bak Fong Paau Choi 230
Bak Fong Yeung Yuk Chyun 156
Bak Ging Tin Ngaap 165
Bambussprossen 28
  Bambussprossen mit Tofu 225
Bat Si Ping Gwo 240
Beschwipste Garnelen 93
Birnen in Honigsirup 246
Bohnensprossen 28
  Gebratene Bohnensprossen 215
  Suppe mit Tofu und Bohnensprossen 61
Bratkartoffeln mit Koriander 229
Brokkoli
  Gebratener Brokkoli mit Zuckererbsen 222
  Rindfleisch mit Brokkoli und Ingwer 147
Brühe 31

Cashewkerne
  Hühnchen mit Cashewkernen 125
Cha Siu 28, 148
Cha Yip Daan 58
Chaau Jaap Choi 220
Chaau Seung Cheui 222
Chengdu-Nudeln in Sesamsauce 182
Cheun Gyun 40
Chili-Bohnen-Sauce 28
  Frittierter Fisch mit Chilisauce 85
  Hühnchen in Guilin-Chili-Bohnen-Sauce 119
Chiliöl 29
Chillies 13, 22, 24
  Chillies mit Fisch-Ingwer-Füllung 90
  Weißfischchen mit grüner Chili 57
Chinesischer Tomatensalat 231
Chinesisches Blattgemüse 220

Ching Chaau Nga Choi 215
Ching Jing Yu 82
Choi Sum mit Austernsauce 221
Choi Yuk Wun Tun 53
Chop Suey mit Rindfleisch 137
Chou Liu Ke Ji 207
Chou Liu Ye Choi 216
Chow Mein mit Rindfleisch 181
Chung Ji Yu 89
Chung Sik Faan Ke Sa Leut 231
Chung Sik Yut Naam Cheun Gyun 44
Chung Yau Beng 47
Chyun Mei Naam Gwa Tong 67
Congee mit Fisch 62

Daam Daam Min 188
Daan Fa Chaau Faan 175
Dämpfkörbe 28
Dan Dan Mian 188
Dang Lung Jiu Chaau Dau Go 214
Dau Faan Yu 85
Dim Sum 22, 37
Dip-Saucen 29

Eier 201
  Eingelegte Eier 58
  Fu Yung 177
  Gebratener Reis mit Ei 175
  Rührei mit Tofu 226
Eingelegte Gurken 59
Ente 21, 24, 113
  Aromatische Ente 161
  Gebratene gefüllte Ente 162
  Peking-Ente 165
Essig 21, 23, 30
Esskastanien
  Hühnchen mit Maronen 123
Essstäbchen 10, 27, 28

Fisch 17, 22, 76–79
  Chillies mit Fisch-Ingwer-Füllung 90
  Congee mit Fisch 62
  Fisch auf kantonesische Art 82
  Fisch mit Pinienkernen 89
  Frittierter Fisch mit Chilisauce 85
  Fünf-Weiden-Fisch 86
  Gedämpfte Seezunge mit schwarzer Bohnensauce 92
  Weißfischchen mit grüner Chili 57
Frische Krebse mit Ingwer 103
Frischer Fruchtsalat mit Zitronensaft 245

Frittierter Fisch mit Chilisauce 85
Frühlingsrollen 40
  Vegetarische Frühlingsrollen 43
Frühlingszwiebeln 18, 29, 31
  Zwiebelküchlein 47
Fu Yung 177
Fu Yung Daan 177
Fu Yung Ha 96
Fünf-Weiden-Fisch 86

Gaau Ji 50
Garnelen 79
  Beschwipste Garnelen 93
  Garnelen Fu Yung 96
  Garnelen, getrocknete 29
  Garnelentoasts 46
  Gebratene Riesengarnelen in pikanter Sauce 99
  Reis mit Schweinefleisch und Garnelen 176
  Schweinefleisch-Garnelen-Täschchen 44
Gebratene Auberginen nach Szechuan-Art 208
Gebratene Bananen im Teigmantel 243
Gebratene Bohnensprossen 215
Gebratene gefüllte Ente 162
Gebratene Hühnchenstreifen mit Sellerie 133
Gebratene Riesengarnelen in pikanter Sauce 99
Gebratener Brokkoli mit Zuckererbsen 222
Gebratener Reis mit Ei 175
Gedämpfte Seezunge mit schwarzer Bohnensauce 92
Gedämpfter Reis 174
Gedämpftes Hühnchenfleisch im Lotusmantel 120
Gedünstete Strohpilze 204
Gefüllte Auberginen in scharfer Sauce 211
Gefüllte Tintenfische 106
Gemüse 21, 22, 198–201
  eingelegtes 13, 24, 30
Geschmorte Spareribs in Sojasauce 154
Geschmortes Rindfleisch mit Sternanis 138
Gesundheit und Ernährung 13
Geung Chung Chaau Hai 103
Geung Jap Hang Yan Je Lei 251
Go Kiu Mai Sin 185
Gon Bin Sei Gai Dau 212

Gong-Bao-Hühnchen 126
Gon Jin Ha Luk 99
Gu Lo Gai 134
Gung Bou Gai 126
Gurken 13
  Eingelegte Gurken 59
  Kohl und Gurke mit Essig-Dressing 230
Gwai Lam Laat Jeung Gai 119

Ha Do Si 46
Hackfleischsuppe mit Koriander 69
Hai Yung Suk Mai Gang 66
Haifischflossen 29
Hang Yan Beng 252
Heung Choi Tou Dau 229
Heung Chung Bok Beng 49
Heung Sou Ngaap 161
Ho Yip Faan 120
Hoi Maam Gai Faan 129
Hongkong 25, 27
Hou Yau Choi Sam 221
Huhn 17, 18, 22, 110, 113
  Gebratene Hühnchenstreifen mit Sellerie 133
  Gedämpftes Hühnchenfleisch im Lotusmantel 120
  Gong-Bao-Hühnchen 126
  Hähnchen mit Sojasauce 56
  Hainan-Hühnchen mit Reis 129
  Hühnchen Bang Bang 116
  Hühnchen im Salzmantel 130
  Hühnchen in Guilin-Chili-Bohnen-Sauce 119
  Hühnchen mit Cashewkernen 125
  Hühnchen mit Maronen 123
  Hühnchen süß-sauer 134
  Hühnersuppe 71
  San Choy Bau 122
Hung Siu Paai Gwat 154
Hung Siu Si Ji Tau 151

Ingwer 13, 18, 29
  Chillies mit Fisch-Ingwer-Füllung 90
  Frische Krebse mit Ingwer 103
  Mandelgelee in Ingwersauce 251
  Rindfleisch mit Brokkoli und Ingwer 147

Ja Heung Jiu 243
Jaap Gwo Sa Leut 245
Jaap Seui Ngau Yuk 137
Jakobsmuscheln 29
  Jakobsmuscheln in schwarzer Bohnensauce 102
  Jakobsmuscheln mit Spargel 100
Jeui Ha 93
Jiaozi 50
Jiaozi-Sauce 29
Jin Yeung Cheui Tung 106
Jin Yeung Ke Ji 211

Kaiserliche Küche 21
Kan Choi Chaau Gai Si 133
Karamellisierte Apfelküchlein 240
Kartoffeln 13, 21, 234
  Bratkartoffeln mit Koriander 229
Klebreis 30, 237
Kohl 18, 21, 201
  Kohl und Gurke mit Essig-Dressing 230
  Scharf-saurer Kohl 216
Koriander 29
  Bratkartoffeln mit Koriander 229
  Frische Krebse mit Ingwer 103
  Hackfleischsuppe mit Koriander 69
  Krebse 13, 79
  Maissuppe mit Krebsfleisch 66
Küchenutensilien 28
Kürbis
  Szechuan-Kürbissuppe 67

Laan Fa Chaau Ngau Yuk 147
Laap Baat Juk 247
Laat Mei Baat Faan Yu 57
La Chang 29
La Yuk 29
Lamm 113
  Lamm-Kebabs 156
  Lammschmortopf Xinjiang 157
  Xinjiang-Reistopf mit Lamm 158
Leung Bun Siu Wong Gwa 59
Leung Bun Wong Dau 60
Leut Ji Man Gai 123
Lo Mein mit Schwein 191
Lo Seun Chaau Dai Ji 100
Lotusblätter
  Gedämpftes Hühnchenfleisch im Lotusmantel 120
Lou Ngau Yuk 138
Löwenkopf-Topf 151

M Lau Yu 86
Ma Po Dau Fu 141
Maang Ngai Seung Syu 178
Mais 13
  Maissuppe mit Krebsfleisch 66
Man Dung Gu 204
Mandarinenschalen 31
Mandeln
  Mandelgelee in Ingwersauce 251
  Mandelplätzchen 252
Mangopudding 244
Marinierte Sojabohnen 60
Mat Jap Cha Siu 148
Mat Jin Syut Lei 246
Mong Gwo Bou Din 244
Mongolischer Feuertopf 144
Mung Gu Fo Wo 144
Muscheln
  getrocknete Jakobsmuscheln 29
  Jakobsmuscheln in schwarzer Bohnensauce 102
  Jakobsmuscheln mit Spargel 100
  Tomatensuppe mit Muscheln 70
  Venusmuscheln in Bohnensauce 105

Neujahrsfest 13, 14
Nga Choi Dau Fu Tong 61
Ngau Sung Yin Sai Tong 69
Ngau Yuk Chaau Min 181
Nudeln 17, 18, 30, 171
  Ameisen krabbeln auf einen Baum 178
  Chengdu-Nudeln in Sesamsauce 182
  Chow Mein mit Rindfleisch 181
  Dan Dan Mian 188
  Lo Mein mit Schwein 191
  Reisnudeln mit Rindfleisch und Bohnensauce 192
  Singapur-Nudeln 195
  Über-die-Brücke-Nudeln 185

Obst 21, 237
  Birnen in Honigsirup 246
  Frischer Fruchtsalat mit Zitronensaft 245
  Gebratene Bananen im Teigmantel 243
  Karamellisierte Apfelküchlein 240
  Mangopudding 244
  Winterlicher Reispudding mit Trockenfrüchten 247

Pang Pang Gai 116
Paprika 22, 24, 198–201
  Auberginen mit roter Paprika 207
  Schlangenbohnen mit roter Paprika 214
Peking-Ente 21, 165
Pfannkuchen 30
  Zwiebelpfannkuchen 49
Pfeffer 30
  Szechuan-Pfeffer 24, 31
Pflaumensauce 30
Pilze, getrocknete 29
  Gedünstete Strohpilze 204
  Gefüllte Tintenfische 106
Pu-Erh-Tee 25

Reis 18, 22, 30, 168–171
  Acht-Schätze-Reiskuchen 248
  Fu Yung 177
  Gebratener Reis mit Ei 175

Gedämpfter Reis 174
Gedämpftes Hühnchenfleisch im Lotusmantel 120
Hainan-Hühnchen mit Reis 129
Klebreis 30, 237
Reis mit Schweinefleisch und Garnelen 176
Reisnudeln mit Rindfleisch und Bohnensauce 192
Winterlicher Reispudding mit Trockenfrüchten 247
Xinjiang-Reistopf mit Lamm 158
Reisessig 30
Reisnudeln mit Rindfleisch und Bohnensauce 192
Restaurants 25–27
Rindfleisch 13, 110–113
Chop Suey mit Rindfleisch 137
Chow Mein mit Rindfleisch 181
Geschmortes Rindfleisch mit Sternanis 138
Hackfleischsuppe mit Koriander 69
Reisnudeln mit Rindfleisch und Bohnensauce 192
Rindfleisch mit Brokkoli und Ingwer 147
Tofu mit Hackfleisch 141
Rührei mit Tofu 226

Saang Choi Baan 122
San Choy Bau 122
San Geung Yeung Naam Bou 157
San Geung Yeung Yuk Faan 158
Scharf-saure Suppe 65
Scharf-saurer Kohl 216
Scharfe grüne Bohnen 212
Schlangenbohnen mit roter Paprika 214
schwarze Bohnen, eingelegt 29
Schwarze Bohnensauce
Jakobsmuscheln in schwarzer Bohnensauce 102
Reisnudeln mit Rindfleisch und Bohnensauce 192
Venusmuscheln in Bohnensauce 105
Schweinefleisch 22, 25, 110–113
Cha siu 148
Gefüllte Tintenfische 106
Geschmorte Spareribs in Sojasauce 154
La chang 29
Lo Mein mit Schwein 191
Reis mit Schweinefleisch und Garnelen 176
Schweinefleisch-Garnelen-Täschchen 44
Spareribs in süß-saurer Sauce 152
Würziges Szechuan-Schweinefleisch 155
Seezunge
Gedämpfte Seezunge mit schwarzer Bohnensauce 92
Sellerie
Gebratene Hühnchenstreifen mit Sellerie 133
Sesam
Chengdu-Nudeln in Sesamsauce 182
Sesamöl 30
Sesampaste 30
Sesam-Zwiebel-Sauce 29
Seun Jim Dau Fu 225
Sharkara (Zucker) 23, 30
Si Jap Chaau Dai Ji 102
Si Jap Chaau Hin 105
Si Jap Jin Taap Sa 92
Si Jiu Ngau Ho 192
Si Miu Baak Faan 174
Si Yau Gai Yik 56
Sing Dou Ma Laat Min 182
Sing Jau Chaau Mai 195
Singapur-Nudeln 195
Soja-Senf-Sauce 29
Sojabohnen 13, 21
Marinierte Sojabohnen 60
Sojasauce 18, 31
Geschmorte Spareribs in Sojasauce 154
Hähnchen mit Sojasauce 56
Sou Choi Cheun Gyun 43
Spareribs in süß-saurer Sauce 152
Spargel
Jakobsmuscheln mit Spargel 100
Sternanis 31
Geschmortes Rindfleisch mit Sternanis 138
Strohpilze
Gedünstete Strohpilze 204
Suppen 13, 24, 79
Hackfleischsuppe mit Koriander 69
Hühnersuppe 71
Maissuppe mit Krebsfleisch 66
Scharf-saure Suppe 65
Suppe mit Tofu und Bohnensprossen 61
Szechuan-Kürbissuppe 67
Tomatensuppe mit Muscheln 70
Wantan-Suppe 72
Syun Laat Tong 65
Szechuan-Kürbissuppe 67
Szechuan-Pfeffer 24, 31

Teigblätter 31
Tintenfsche
Gefüllte Tintenfische 106
Tofu 28, 198
Bambussprossen mit Tofu 225
Cha siu 148
Rührei mit Tofu 226
Suppe mit Tofu und Bohnensprossen 61
Tofu mit Hackfleisch 141
Tomaten 13, 21, 22
Chinesischer Tomatensalat 231
Tomatensuppe mit Muscheln 70
Tong Chou Paai Gwat 152
Tontopf 28

Über-die-Brücke-Nudeln 185

Vegetarische Frühlingsrollen 43
Venusmuscheln in Bohnensauce 105

Waat Daan Dau Fu 226
Wantan-Suppe 72
Wantans mit scharfer Sauce 53
Wein 21, 23, 31
Weißfischchen mit grüner Chili 57
Winterlicher Reispudding mit Trockenfrüchten 247
Wok 28
Wui Wo Yuk 155
Wun Teui Ching Gai Tong 71
Wun Tun Tong 72
Würziges Szechuan-Schweinefleisch 155

Xinjiang-Reistopf mit Lamm 158

Yeung Jau Chaau Faan 176
Yin-Yang 13
Yip Guk Gai 130
Yiu Gwo Gai Ding 125
Yu Heung Ke Ji 208
Yu Pin Juk 62
Yu Yuk Yeung Laat Jin 90
Yui Chyu Faan Ke Tong 70
Yuk Si Lou Min 191

Zuckererbsen
Gebratener Brokkoli mit Zuckererbsen 222
Zwiebelküchlein 47
Zwiebelpfannkuchen 49